OEUVRES POSTHUMES

DE

ALFRED DE MUSSET

Imprimeries réunies, **B**, rue Mignon, 2.

OEUVRES POSTHUMES

DE

ALFRED DE MUSSET

AVEC LETTRES INÉDITES

UNE NOTICE BIOGRAPHIQUE PAR SON FRÈRE

LE PORTRAIT D'ALFRED DE MUSSET

GRAVÉ PAR FLAMENG D'APRÈS L'ORIGINAL DE LANDELLE

ET

UNE GRAVURE D'APRÈS UN DESSIN DE BIDA

PARIS

ÉDITION CHARPENTIER

L. HÉBERT, LIBRAIRE

7, RUE PERRONET, 7

1888

AVIS DE L'ÉDITEUR

Les neuf premiers volumes de cette édition comprennent tous les ouvrages d'Alfred de Musset qui ont paru durant sa vie, moins quelques pièces qu'il a toujours refusé de laisser réimprimer [1]. Un autre volume est composé de ses œuvres posthumes. La législation sur les droits des auteurs nous oblige à le publier séparément, mais les acquéreurs de cette édition pourront, à la reliure, le réunir aux autres par la tomaison de tome X, et l'œuvre d'Alfred de Musset sera ainsi complète.

Voici la composition des neuf premiers volumes :

1° *Poésies*, 2 vol.
2° *Comédies et Proverbes*, 3 vol.
3° *Contes et Nouvelles*, en prose, 2 vol.
4° *Confession d'un enfant du siècle*, 1 vol.
5° *Mélanges de littérature et de critique*, 1 vol.

Le volume des œuvres posthumes se compose :

1° D'une notice sur la vie d'Alfred de Musset par son frère.
2° De Poésies.
3° De Mélanges littéraires.
4° Du proverbe : *l'Ane et le Ruisseau*.
5° Des Lettres familières.

---

[1] Voir, à ce sujet, la lettre qu'il nous a écrite et qui se trouve dans le volume des *Œuvres posthumes*.

Dans chacune des divisions de l'œuvre complète d'Alfred de Musset, l'ordre chronologique a été suivi autant que possible. Néanmoins nous donnons plus loin le tableau exact de cet ordre de composition.

Tous les vers d'Alfred de Musset publiés durant sa vie ne sont pas réunis dans les deux premiers volumes de cette édition. Il s'en trouve dans les *Comédies et Proverbes*, dans les *Contes et Nouvelles*, et aussi dans le volume de *Mélanges*. Nous avons dû nécessairement les maintenir à leur place et ne pas les reproduire avec les autres poésies, pour éviter un double emploi ; mais, afin de faciliter les recherches, nous avons imprimé, quelques pages plus loin, la liste de ces poésies, en indiquant la place qu'elles occupent dans les autres volumes.

Nous avons adopté, pour les *Comédies et Proverbes*, le texte original, mais les changements faits par l'auteur, en vue de leur représentation scénique, ont été indiqués de façon à reproduire exactement les deux versions sans les confondre.

Nous avons réuni en deux volumes et sous le même titre de *Contes et Nouvelles* tous les charmants petits romans en prose.

Le texte de la *Confession d'un enfant du siècle* est celui de la première édition.

Le volume de *Mélanges*, où se trouvent les *Lettres de Dupuis et Cotonet*, contient des écrits sur l'art et la littérature qu'Alfred de Musset, le plus modeste des écrivains, avait négligé de réimprimer, et qui sont néanmoins dans la littérature critique aussi beaux que ses autres ouvrages.

Nous avons ajouté aux *Œuvres posthumes* un certain nombre de lettres familières d'Alfred de Musset, où cet esprit aimable et sensé se retrouve avec sa grâce naturelle.

On trouve aussi plus loin la liste des gravures qui ornent cette édition, avec l'indication de la place qu'elles doivent occuper et le nom des artistes qui les ont exécutées. C'est une occasion qui nous permet de remercier ces artistes, particulièrement MM. Goutière et Colin, dont les planches sont, à notre sens, des petits chefs-d'œuvre.

TABLE DES PIÈCES DE VERS

INSÉRÉES

DANS LES OUVRAGES EN PROSE.

TOME III

Chanson de Césario...	59 et 129
— de Gremio..	65
— de Fantasio...	231
— de Barberine (en deux couplets)......................	422
— de Rosemberg...	449

TOME IV

Chanson de Giomo, le Hongrois.............................	87
— de Fortunio..	273
— de Van Buck..	387

TOME V

Rondeau (à mademoiselle Anaïs)............................	99
Louison, comédie en deux actes, en vers....................	101
Cantate de Bettine...	268
Complainte de Minuccio....................................	380

TOME VI

Stances à Ninon..	33
Vers récités par Bernerette................................	194
Sonnets du fils du Titien...................................	260 et 306

TOME VII

Chanson de Mimi Pinson....................................	258

TOME XI

Vers sur les débuts de Rachel et Pauline Garcia.............	365

TABLEAU CHRONOLOGIQUE

DES

ŒUVRES COMPLÈTES D'ALFRED DE MUSSET

1828.

L'Anglais mangeur d'opium (traduction).
Poésies diverses (non publiées).

1829.

Poésies diverses.

1830.

Contes d'Espagne et d'Italie.
Le Tableau d'église.
La Nuit vénitienne.
Le Saule.

1831.

Articles divers dans le journal *le Temps*.
Suzon.
Les Vœux stériles.
Octave.
Les secrètes pensées de Rafaël.
Poésies diverses.

1832.

Sonnets et poésies diverses.
La Coupe et les Lèvres.
A quoi rêvent les jeunes filles.
Namouna.

1833.

Une Matinée de Don Juan.
André del Sarto.
Les Caprices de Marianne.
Rolla.
Un mot sur l'art moderne.
Fantasio.

1834.

On ne badine pas avec l'amour.
Lorenzaccio.
Une bonne Fortune.

1835.

Lucie.
La Nuit de mai.
La Quenouille de Barberine.
La Loi sur la presse.
La Confession d'un enfant du siècle (1re partie).
Le Chandelier.
La Nuit de décembre.
La Confession d'un enfant du siècle (dernière partie).

1836.

Lettre à Lamartine.
Salon de 1836.
Il ne faut jurer de rien.
La Nuit d'août.
Première Lettre de Dupuis et Cotonet.
Stances à la Malibran.
Deuxième Lettre de Dupuis et Cotonet.
Sonnet au roi.

1837.

Faire sans dire.
Troisième Lettre de Dupuis et Cotonet.
Quatrième lettre.
Un Caprice.
Poésies diverses.
Emmeline.
La Nuit d'octobre.
Les Deux Maîtresses.

TABLEAU CHRONOLOGIQUE.

1838.
Frédéric et Bernerette.
L'Espoir en Dieu.
La Mi-Carême.
Le Fils du Titien.
Dupont et Durand.
Sur la Naissance du comte de Paris.
Margot.
De la Tragédie (débuts de mademoiselle Rachel).
Bajazet et mademoiselle Rachel.
Poésies diverses.

1839.
Mademoiselle Garcia. — Vers sur ses débuts et ceux de mademoiselle Rachel.
Croisilles.
Un souper chez mademoiselle Rachel.
La Servante du Roi.
Le Poète et le Prosateur (fragment).
Idylle (Rodolphe et Albert).
Débuts de mademoiselle Garcia.
Poésies diverses.

1840.
Silvia.
Une Soirée perdue.
Simone.
Poésies diverses.

1841.
Souvenir.
Le Rhin allemand.
Poésies diverses.

1842.
Sur la Paresse.
Le Merle blanc.
Sur une Morte.
Après une lecture.
Poésies diverses.

1843.
Sonnets et Poésies diverses.
Le 13 Juillet.
Stances à Charles Nodier.
Le Mie prigioni.

1844.
Stances à son frère.
Pierre et Camille.
Le secret de Javotte.
Chansons et Poésies diverses.

1845.
Mimi Pinson.
Il faut qu'une porte soit ouverte ou fermée.

1846.
Conseils à une Parisienne.

1847.
Poésies diverses.

1848.
. . . .

1849.
Sur trois marches de marbre rose.
Louison.
On ne saurait penser à tout.

1850.
Carmosine.

1851.
Bettine.
Faustine (fragment).

1852.
Discours de réception à l'Académie.
Poésies diverses.

1853.
Le Songe d'Auguste.
La Mouche.

1854.
Poésies diverses.

1855.
L'Ane et le Ruisseau.
Le Retour.

1856.
. . . .

1857.
Derniers vers.

TABLE DES GRAVURES

CONTENUES DANS CETTE ÉDITION

ET ORDRE DE LEUR PLACEMENT

	SUJETS.	GRAVEURS.	TOMES.	PAGES.
1.	Don Paez........................ MM.	Ballin.	I	9
2.	La Coupe et les Lèvres............	Desvachez.	I	237
3.	Namouna........................	Desvachez.	II	3
4.	Rolla...........................	Meunier.	II	47
5.	Lucie...........................	G. Lévy.	II	92
6.	Les Nuits.......................	Goutière.	II	98
7.	Silvia..........................	Goutière.	II	222
8.	Simone.........................	Nargeot père.	II	242
9.	André del Sarto.................	Levasseur.	III	51
10.	Les Caprices de Marianne........	Ballin.	III	143
11.	On ne badine pas avec l'amour...	Ballin.	III	281
12.	Barberine......................	G. Lévy.	III	377
13.	Lorenzaccio....................	Levasseur.	IV	3
14.	Le Chandelier..................	G. Lévy.	IV	225
15.	Il ne faut jurer de rien........	Ballin.	IV	323
16.	Un Caprice.....................	Goutière.	V	3
17.	Louison........................	Nargeot fils.	V	101
18.	Carmosine......................	Nargeot fils.	V	313
19.	Les deux Maîtresses............	Meunier.	VI	71
20.	Frédéric et Bernerette.........	Colin.	VI	161
21.	Le Fils du Titien..............	Ballin.	VI	239
22.	Le Secret de Javotte...........	Ballin.	VII	167
23.	Mimi Pinson....................	G. Lévy.	VII	239
24.	La Mouche......................	Desvachez.	VII	291
25.	Confession d'un enfant du siècle (1re part.).	Desvachez.	VIII	1
26.	— (2e part.).	Colin.	VIII	91
27.	Le Tableau d'église............	Ballin.	IX	3

DANS LE VOLUME DES ŒUVRES POSTHUMES

1. Portrait d'Alfred de Musset............ Flameng. En regard du titre.
2. Un souper chez Mlle Rachel............ Meunier. Page 119.

NOTICE

SUR

ALFRED DE MUSSET

Tous les nobiliaires de France font mention de la famille de Musset, ce qui me dispense de reproduire ici la généalogie du poète qui a illustré ce nom. Cependant je remarque sur la liste de ses ancêtres un personnage assez curieux : c'est un certain Colin de Musset, qui était poète, musicien, joueur de viole très habile et ami du célèbre Thibaut, comte de Champagne et roi de Navarre. Colin de Musset composait de la musique sur les poésies de ce prince et sur les siennes. Il fallait que sa réputation fût grande, puisque les sculpteurs chargés d'orner le portail de Saint-Julien-des-Ménestrels, à Paris, y placèrent sa statue et celle de sa femme, qui apparemment cultivait aussi la musique.

Mais nous n'avons pas besoin de remonter jusqu'au temps de la reine Blanche pour chercher l'instinct de la poésie et le goût des lettres parmi les ascendants d'Alfred de Musset; nous les trouverons au premier et au second degré. Son grand-père maternel, M. Guyot-Desherbiers, savant jurisconsulte, se reposait de ses travaux sérieux en composant des vers remarquables par des qualités originales. En 1771, il écrivit une satire contre le chancelier Maupeou, intitulée *les Chancelières,* et qui fit beaucoup de bruit. Il commença un poëme des *Heures* qu'il n'acheva point, parce qu'il s'ennuya du genre didactique. Il aimait à se créer des difficultés d'exécution, telles que rimes redoublées, refrains ou triolets. Ses petits-enfants ont conservé le seul ouvrage complet qu'ait produit sa muse fantasque : c'est un poëme intitulé *les Chats,* et dans lequel les vertus de cet animal domestique sont célébrées avec une grâce et des frais d'imagination qu'on regrette de voir dépensés pour un sujet si frivole. Le premier chant est à trois rimes seulement; malgré les entraves de cette espèce de gageure, les vers ne contiennent pas de chevilles, et le naturel n'y est point sacrifié. Les chants qui suivent sont consacrés au chat de la Nature, à celui de la Fable et à celui de l'Histoire. Lorsqu'il eut copié de sa main tout ce poëme sur parchemin, M. Desherbiers crut avoir assez fait pour assurer la durée de son œuvre et ne songea point à la livrer aux imprimeurs; mais il employa dix ans de sa vie à en faire un second exemplaire bien plus curieux. Il ajouta au texte tant de notes que le petit volume sur parchemin finit par engendrer un in-folio de six cents pages, qui devint avec le temps un travail d'érudition, puis il le relia lui même, et il composa ainsi un monument de patience, de savoir et de fantaisie. M. Sainte-Beuve, qui possède mieux que personne le talent de définir par des images, ayant trouvé, un jour, ce gros volume sur la table d'Alfred de Musset, dit, après en avoir lu quelques pages : « La science et l'imagination de votre grand-père sont comme un cadenas à lettres qui ne s'ouvre qu'au mot *chat**. »

M. Guyot-Desherbiers, chef de la division de législation civile au ministère de la justice, pendant le Directoire, membre du conseil des Cinq-Cents et de celui des Anciens, était un homme de mœurs simples, d'un caractère antique, singulièrement désintéressé, d'un esprit charmant et d'une gaieté inaltérable. Après le 18 brumaire, il vécut dans la retraite. Il mourut en 1828, âgé de plus de quatre-vingts ans. Son fils et ses deux filles avaient hérité de son esprit et de sa gaieté. C'est l'aînée de ces deux filles qui devait donner la vie à un grand poète.

Victor-Donatien de Musset, père d'Alfred, fit ses études au collège militaire de Vendôme. — Sa famille demeurait depuis fort longtemps aux environs de cette ville. — Pendant les guerres de la Révolution, il s'attacha au général de Marescot, premier inspecteur du génie. Il rédigea plusieurs rapports et relations de sièges qui furent remarqués du Premier Consul. En 1806, nommé chef de bureau du comité central du génie, il occupa cette position jusqu'en 1811 et passa ensuite au ministère de l'intérieur sous M. de Montalivet. Destitué, en 1818, par M. Lainé comme *libéral*, il ne rentra dans la carrière administrative que dix ans plus tard, sous le ministère Martignac. Pendant ces dix ans, il se livra exclusivement à la littérature qu'il avait toujours cultivée.

---

* Le *Magasin encyclopédique* (troisième année, t. V) a publié un des chants du poème des *Chats*. On a encore de M. Guyot-Desherbiers une édition des *Lettres de Ninon de Lenclos* et les *Mémoires du comte de Bonneval*, avec des notes historiques.

Ses connaissances spéciales dans l'art du génie et des fortifications le désignèrent aux éditeurs de la *Biographie universelle* pour écrire, dans ce grand ouvrage, les articles sur Vauban et quelques autres célébrités militaires. Avant sa destitution, il avait déjà publié divers travaux historiques. Son ouvrage le plus connu est l'*Histoire de la vie et des ouvrages de J.-J. Rousseau*, où il défendit avec succès la réputation du philosophe de Genève contre les attaques perfides de Grimm et de madame d'Épinay. Cette généreuse entreprise l'entraîna dans une discussion publique avec quelques journaux; le défenseur de Jean-Jacques s'en tira avec les honneurs de la guerre.

A la prière de sa sœur, qui était chanoinesse, ci-devant pensionnaire de Saint-Cyr et imbue de préjugés aristocratiques, Victor de Musset modifia son nom pour signer ses travaux littéraires. Il supprima la particule et ajouta par un trait d'union au nom de Musset celui d'une ancienne propriété de famille. Pour son éditeur et pour ses lecteurs, il s'appela Musset-Pathay[*]. Plus tard, lorsque la mode vint d'usurper des noms et des titres et que la seule punition des usurpateurs fut le ridicule, cette moitié de pseudonyme eut l'inconvénient de faire beau jeu à la malveillance. Au moment de l'apparition des *Contes d'Espagne et d'Italie*, Alfred de Musset fut accusé de se donner des airs de gentilhomme et de ne pas vouloir porter son véritable nom. Il ne répondit pas à cette accusation par respect pour son père, et quand elle arrivait jusqu'à ses oreilles, il se bornait à

---

[*] Ce nom de Pathay était aussi celui de son aïeule. Charles de Musset avait épousé, en 1676, Marie-Jeanne de Pathay.

dire tout bas : « On ne devrait jamais endommager son fief. »

Mais il a péché lui-même par trop de modestie, et endommagé un fief bien plus beau, à mon sens, le jour qu'il a dit :

> Mes premiers vers sont d'un enfant,
> Les seconds d'un adolescent,
> Les derniers à peine d'un homme.

Car, au contraire, si l'on consulte l'âge qu'il avait en écrivant ses poésies, on s'étonne de trouver toujours la maturité de son esprit en disproportion évidente avec le chiffre de ses années.

Comme son beau-père M. Guyot-Desherbiers, Victor de Musset faisait des vers pour son amusement. Il excellait surtout dans le genre burlesque. Il avait le tour d'esprit gai, la repartie prompte, et il savait quantité d'anecdotes qu'il racontait à merveille. Mais la plus précieuse de ses qualités était une chaleur de cœur qui l'a fait aimer de tous ceux qui l'ont connu ; aussi lorsqu'il rechercha la fille aînée de M. Desherbiers vit-il sa demande accueillie avec joie par toute la famille.

Un de ses amis, nommé Dufaut, peintre médiocre sorti de l'atelier de David, mais assez bon dessinateur, montra un jour un portrait au crayon noir de Victor de Musset au docteur Spurzheim en lui demandant ce qu'il pensait du modèle. Le célèbre phrénologue écrivit ces mots au bas du dessin : « *Bonum facile crederem, doctum libenter.* » (Aisément je le croirais bon, et volontiers savant.)

Alfred de Musset, né à Paris, le 11 décembre 1810,

appartient à cette génération ardente et passionnée dont il a observé et décrit les souffrances morales. Sa naissance fut fêtée, dans sa famille, avec moins de bruit, mais avec autant de joie que celle du Roi de Rome, qui vint au monde peu de temps après lui. Les premiers canons qu'il put entendre étaient ceux des réjouissances publiques ; mais, bientôt après, on ne parla plus autour de lui que des désastres de nos armées et des malheurs de la France. La précocité de son intelligence et les larmes de sa mère lui firent comprendre la grandeur de ces événements, et sa sensibilité naturelle, développée par les premières impressions de son enfance, devint excessive.

A l'âge de trois ans, le futur auteur des *Nuits* était d'une beauté qui attirait partout l'attention. Un peintre flamand nommé Van Brée demanda instamment à faire son portrait. Le bambin est représenté assis au bord d'un ruisseau, les pieds dans l'eau, les mains appuyées sur sa poitrine, retenant sa petite chemise qui va tomber sur ses genoux. A côté de lui est une vieille épée qu'il voulut avoir à portée de son bras pour se défendre contre les grenouilles. Girodet, qui arriva par hasard un matin dans l'atelier du peintre, trouva le portrait fort joli, et admira beaucoup le modèle[*].

Tant qu'il resta sous l'aile maternelle, — et il y demeura très longtemps, — Alfred de Musset eut pour sa mère une soumission extrême. Il craignait par dessus tout de lui déplaire ou de l'affliger. Notre père, qui était la bonté même, très occupé par ses emplois et par ses travaux littéraires, laissait à sa femme, dont il appréciait le rare mérite, une

---

[*] M. Van Brée avait du talent. Cette précieuse peinture appartient aujourd'hui à Madame Lardin, sœur d'Alfred de Musset.

autorité absolue sur les enfants. Les courts instants qu'il pouvait nous donner étaient des récréations, pour lui comme pour nous, et, s'il eût été roi de France, les envoyés des grandes puissances auraient pu le surprendre dans l'attitude où Henri IV fut trouvé, portant ses enfants sur son dos. Cet excellent père préférait la persuasion aux réprimandes. A l'appui de ses leçons de morale, il nous racontait des historiettes amusantes. Il se plaisait à raisonner avec nous, et nous invitait même à lui faire des objections, puis il se moquait de nous quand nos raisonnements ne valaient rien, ce qui arrivait souvent. Notre mère, au contraire, usait de son autorité et se faisait obéir d'un mot ou d'un simple geste. Quand nous avions commis quelque faute, ses reproches étaient d'une éloquence qui nous inspirait plus de terreur que les punitions. Du reste, Alfred était bien l'enfant le plus aimable et le plus sincère du monde, incapable, non seulement de faire un mensonge, mais même une réponse évasive, toujours pressé d'ouvrir son cœur, confiant jusqu'à la crédulité, racontant sa joie ou ses peines avec des mouvements oratoires et des expressions pittoresques au-dessus de son âge, et témoignant ses sympathies avec des effusions charmantes.

On lui faisait apprendre des fables, comme à tous les enfants; il les récitait sans la moindre timidité, après quoi il courait embrasser tous les assistants et retournait à ses jeux. Il eût aussi bien récité devant cent personnes, pourvu que sa mère l'eût encouragé du regard. Au collège, il perdit cette assurance par excès d'émulation et par crainte de ne pas réussir; mais il ne fallut pas moins que les dures leçons de l'expérience pour modérer sa disposition naturelle à la confiance et à la crédulité. Son éducation fut commencée par un précepteur nommé Bouvrain jeune, et continuée, pendant les années 1818 et 1819, par M. Bouvrain aîné, qui avait le bon esprit d'enseigner à ses élèves plusieurs choses à la fois, entre autres la langue italienne qu'il parlait très purement*. A l'âge de neuf ans, lorsqu'il se présenta comme externe au collège Henri IV, Alfred de Musset se trouva à la fois le plus jeune et l'un des plus forts de la classe de sixième. Jusqu'à la fin de ses études, il obtint les meilleures places et des prix à toutes les distributions. Son dernier succès, et le plus éclatant, fut un prix de dissertation latine, en philosophie, au concours général de 1827. Il avait eu pour rival et souvent pour voisin au banc d'honneur le duc de Chartres, qui l'invitait à venir passer les dimanches au château de Neuilly, avec d'autres écoliers. Toute la famille d'Orléans lui témoigna de l'intérêt, et l'aîné des jeunes princes honora son condisciple d'une amitié à laquelle tous deux restèrent fidèles.

Parmi ses camarades de classe, Alfred avait encore pour ami Paul Foucher, élève externe comme lui. Une communauté de goûts les rapprocha l'un de l'autre : ils étaient pris d'une véritable rage de lecture et de spectacle. Aussi souvent que leurs parents le permettaient, ils allaient ensemble au parterre de la Comédie-Française ou de l'Odéon. Bientôt ils surent par cœur des fragments de pièces qu'ils récitaient sous les arbres du Luxembourg, en revenant du collège. Ils se racontaient les drames des théâtres étrangers et les ouvrages des auteurs contemporains qu'ils avaient lus

---

* Les frères Bouvrain quittèrent, peu de temps après, la carrière de l'enseignement; aujourd'hui, ils sont tous deux archictectes.

séparément, fruits défendus au collège, mais non à la maison paternelle. D'ailleurs, ils ne se contentaient pas de lire et de connaître, ils voulaient aussi juger et discutaient ensemble comme de petits casuistes. Grâce à cette seconde éducation buissonnière, ils se trouvèrent, à dix-sept ans, en état de prendre part à la guerre littéraire commencée par madame de Staël et qui, après quelques années de trêve, se réveillait avec plus de vivacité que jamais. Paul Foucher, beau-frère de M. Victor Hugo, introduisit son camarade dans le cénacle où se réunissait tout l'état-major de l'école romantique. Alfred de Musset fut accueilli par M. Hugo comme s'il eût été de la famille. On le retenait souvent à dîner : il était de ces promenades où l'on allait assister au coucher de *Phébus le blond*. Cette intimité n'a pas duré moins de quatre ans, et malgré les dissentiments littéraires, le souvenir en resta toujours cher au plus jeune des deux poètes; il a pu manquer à la discipline, que son génie indépendant ne lui permettait plus de subir, mais jamais à l'amitié.

Comme son père ne le pressait pas de choisir une carrière, Alfred de Musset profita de la liberté qu'on lui laissait pour essayer de plusieurs études à la fois. Il suivit un cours de droit et un cours d'anatomie, prit des leçons de dessin et de peinture dans un atelier, étudia la musique, le piano, la langue anglaise, et se fortifia l'esprit par de bonnes lectures. Au bout d'un an, lorsque son père l'interrogea sur ses intentions, il avoua, avec une grande humilité, qu'il n'avait de goût pour aucune profession, et qu'il ne se sentait réellement attiré que par des choses qui ne pouvaient le mener à rien, c'est-à-dire par les arts et la poésie. Son père, peu satisfait de cette réponse, le força d'entrer comme expéditionnaire dans une maison de banque ; le pauvre garçon se résigna, non sans chagrin, à faire le sacrifice de sa liberté ; mais ce ne fut pas pour longtemps : son père ne tarda pas à reconnaître en lui un poète et ne chercha plus à le détourner de sa vocation.

Pendant ces petits débats de famille, Alfred de Musset consacrait toutes ses soirées aux conversations du Cénacle. Après avoir rempli le rôle d'auditeur, après avoir écouté beaucoup de sonnets et de ballades, il eut l'envie de composer à son tour des ballades et des sonnets. Son premier ouvrage de longue haleine fut *Don Paez*. M. Antony Deschamps voulut donner une soirée pour en écouter la première lecture solennelle. Depuis sa sortie du collège, l'écolier s'était transformé en dandy ; il arriva vêtu à la dernière mode, portant manchettes retroussées et chapeau à la d'Orsay. L'auditoire était chaleureux et passionné. *Don Paez* produisit un effet immense, comme nous disions alors. Au moment où le poète récita ce vers :

> Un dragon jaune et bleu qui dormait dans du foin,

il fut interrompu par des cris d'enthousiasme. Les mêmes applaudissements frénétiques éclataient toujours à ce couplet du *Lever* :

> Vois tes piqueurs alertes,
> Et sur leurs manches vertes
> Les pieds noirs des faucons.

En songeant aux transports que ces vers excitaient, je m'étonne encore de la forte dose de bon sens que le jeune

poète avait reçue du ciel, car il ne se laissa pas enivrer par
ce grand succès. Au point où nous en sommes de ses débuts, on demandait le *Dragon jaune et bleu* et les *Manchettes
vertes* comme on demande un morceau de musique qu'on
ne se lasse pas d'entendre. Cependant, à ces premières lectures se trouvait quelquefois un jeune homme d'une figure
douce et grave, nommé George Farcy, un peu rebelle aux
exagérations de la nouvelle école, et qui remarqua dans ces
poésies d'autres beautés que celles des effets de couleur*.
M. Prosper Mérimée fit aussi à l'auteur de *Don Paez* des
compliments plus calmes, mais non moins sincères que ceux
de la phalange militante. Le bon Nodier, qui se prit d'une
tendresse vraiment paternelle pour Alfred de Musset, démêla tout ce que ce jeune écolier déguisait de raison et de
génie sous ses airs évaporés. Il comprit que l'auteur de l'*Andalouse* ne faisait encore qu'essayer ses ailes, et il l'attendait, disait-il, au jour où l'enfant deviendrait homme, c'està-dire poète par le cœur. Nodier voyait très clair : Alfred
de Musset ne s'est séparé de l'école romantique qu'en 1833 ;
mais dès l'année 1829, il murmurait déjà contre les fantaisies qu'on y prétendait ériger en doctrines, et particulièrement contre l'abus des rimes riches. Souvent, en revenant de quelque séance de lecture, il disait : « Je ne
comprends pas que, pour faire un vers, on s'amuse à commencer par la fin, en remontant le courant, tant bien que
mal, de la dernière syllabe à la première, autrement dit de
la rime à la raison, au lieu de descendre naturellement de
la pensée à la rime. Ce sont là des jeux d'esprit avec les-

* George Farcy fut tué sur la place du Carrousel, le 29 juillet 1830,
par un coup de feu tiré des grilles des Tuileries.

quels on s'accoutume à voir dans les mots autre chose que les symboles des idées. »

En dehors du Cénacle, l'auteur de *Don Paez* avait quelques admirateurs qui portaient de lui le même jugement que Charles Nodier : c'était son ami Alfred Tattet, Édouard Bocher, Ulric Guttinguer. Ce dernier l'emmena, au mois de juillet 1829, en Normandie, et ils visitèrent ensemble le Havre et ses environs.

Les salons d'Achille Devéria et de Charles Nodier étaient des lieux de réunion où se trouvaient les membres du Cénacle. La controverse littéraire n'y régnait pas exclusivement; on y dansait, et parfois jusqu'au jour, car il y venait un essaim de jeunes filles. A l'une de ces soirées, M. Sainte-Beuve, en voyant l'auteur de *Don Paez* valser avec une ardeur juvénile, conçut l'idée de lui dédier une pièce de vers intitulée *le Bal*, qui est une des plus remarquables des poésies de Joseph Delorme.

A la fin de l'année 1829, lorsqu'il eut ajouté aux morceaux connus de ses amis le poème inédit de *Mardoche*, Alfred de Musset en composa un volume qui fut publié par l'éditeur romantique Urbain Canel*. A la lecture de ces poésies si délurées : *Don Paez, Portia, les Marrons du feu*, les gens sévères froncèrent le sourcil : « Se peut-il, disait-on, qu'un jeune homme de dix-neuf ans soit déjà revenu de tout ? » — Il aurait pu répondre, comme Fantasio, que pour être revenu de tout il faut avoir été dans bien des

---

* Ce n'était pas sa première publication. En 1828, il avait traduit de l'anglais, pour la librairie de M. Mame, un roman en un volume, *l'Anglais mangeur d'opium*, signé seulement des initiales A. D. M. Ce roman ne valait rien, et la traduction ne pouvait pas le rendre bon.

endroits; et où donc aurait-il pu aller, qu'aurait-il pu voir et connaître, sorti des bancs du collège depuis deux ans, la tête encore pleine des leçons de ses maîtres, anciens et nouveaux, la bourse peu garnie, comme tous les enfants de son âge, logé dans le même appartement que sa mère, et contenu par la tendresse et l'autorité de ses parents? Non, il ne savait rien encore de la vie, ou du moins fort peu de chose. Ces passions *andalouses* n'étaient que des rêves d'adolescent, ces airs cavaliers et railleurs n'étaient qu'une contenance, et cette rouerie une licence poétique; tout cela n'existait que dans sa tête, et les femmes, plus clairvoyantes que les pédants, sentaient bien que c'étaient là précisément des preuves d'innocence et de naïveté. Quant à la critique, le grand reproche qu'elle adressa à ces poésies qui faisaient tant de bruit, ce fut de manquer d'originalité. S'il était vrai que cette qualité leur eût manqué, il faudrait donc qu'elle leur fût venue, car je ne crois pas que jamais vers aient été plus souvent ni plus servilement copiés; et aujourd'hui, si l'imitation de *Don Paez* et de *Mardoche* n'est plus l'écueil où l'on voit échouer les embarcations des débutants, c'est qu'ils préfèrent, non pas imiter, — ce serait trop peu dire, — mais refaire mot à mot *Rolla*, ou les stances à la Malibran.

Lorsqu'il avait inséré la *Ballade à la Lune* parmi ses premières poésies, Alfred de Musset ne s'était guère douté de l'effet que produirait ce morceau; l'idée ne lui était pas venue qu'un tel badinage eût besoin d'une explication, ni qu'on pût y voir autre chose qu'une parodie. Quelques esprits obtus s'y trompèrent cependant. Le jour de la première représentation du *Misanthrope*, lorsque le public commit la faute d'applaudir le sonnet prétentieux d'Oronte, il comprit aussitôt son erreur ; mais Alfred de Musset, moins heureux que Molière, eut bien de la peine à faire revenir de leur méprise les lecteurs inattentifs. Il eut beau s'expliquer dans les *Pensées de Raphaël*, ceux qui avaient pris au sérieux la *Ballade à la Lune* persistèrent pendant bien des années dans leurs préventions contre l'auteur.

Le poète blondin des *Contes d'Espagne et d'Italie* n'en fut pas moins recherché dans les salons de Paris avec un empressement et une curiosité qu'on ne saurait imaginer. C'est alors qu'il commença d'acquérir de l'expérience. On ne me croirait pas si je disais quelles satisfactions d'amour-propre vinrent au-devant de lui et jusqu'où il fut mené par le tourbillon du succès. L'hypocrisie n'était pas plus de mise alors pour un jeune poète que pour ses lectrices. On peut reprocher à la littérature de 1830 quelques défauts ; mais on ne peut nier qu'elle ait eu le mérite de la sincérité, qualité virile, sans laquelle le génie lui-même ne donne que des fruits avortés.

Dans l'école d'où sortaient les *Contes d'Espagne et d'Italie*, on se piquait non seulement de franchise, mais de témérité. L'auteur passa pour le romantique le plus entêté de la phalange, au moment où ses idées commençaient à se modifier. Quelques hommes témoins de ses succès l'accusèrent de fatuité, quelques-uns prirent pour de l'orgueil le malaise que lui causaient les compliments à brûle-pourpoint ; mais ceux qui l'ont connu savent bien qu'il n'y eut jamais de garçon plus modeste, plus empressé à rendre justice aux autres et à jouir de leur esprit.

Les divers malentendus que nous venons d'indiquer et

qui existaient tacitement entre une partie du public et l'auteur de la *Ballade à la Lune* devaient lui être funestes à la première occasion où il aurait affaire au parterre d'un théâtre. Il l'apprit à ses dépens, lorsqu'il eut l'imprudence de donner la *Nuit vénitienne* aux artistes de l'Odéon. La pièce, représentée le 1ᵉʳ décembre 1830, fut sifflée dès la première scène et retirée par l'auteur sans avoir été entendue. Alfred de Musset se tenait déjà pour dit que le public des théâtres ne voulait point de ses ouvrages; cependant, M. Harel, directeur de l'Odéon, accourut chez lui pour l'engager à tenter une nouvelle épreuve et à écrire une autre comédie, jurant ses grands dieux que celle-là serait applaudie. L'auteur de la *Nuit vénitienne* écrivit, en effet, le plan d'une nouvelle pièce qu'il envoya au directeur de l'Odéon, persuadé que M. Harel reculerait devant l'épreuve de la revanche. Il ne se trompait pas : M. Harel, qui ne s'attendait pas à être pris au mot, serra le plan dans un carton, et n'en reparla jamais[*].

Pour se consoler de cet échec, Alfred revint à la poésie lyrique. La *Revue de Paris* publia plusieurs morceaux de lui qui annonçaient déjà un changement complet dans sa manière de versifier. C'est dans le même temps qu'il composa le poème du *Saule*, dont voici l'historique : Alfred reçut, un matin, la visite d'un camarade de collège nommé

---

[*] Ce projet de pièce de théâtre ne m'a pas été communiqué. Alfred l'envoya chez M. Harel, sans prendre le temps de consulter personne. J'en ai lu seulement la liste des personnages, et je crois me rappeler les noms d'André del Sarto et de Cordiani. Il n'y aurait donc rien à regretter, puisque cette pièce a été écrite en 1833, avec plus de talent que l'auteur ne l'eût pu faire au moment où il venait de composer la *Nuit vénitienne*.

Astoin, du même âge que lui et dont il avait conservé de bons souvenirs. Ce jeune homme désirait se faire éditeur ; il venait demander à l'auteur des *Contes d'Espagne et d'Italie* une pièce de vers pour un recueil de morceaux inédits. Alfred de Musset ne savait pas refuser un service. Il donna un fragment du *Saule* qu'il venait de terminer. Le recueil parut en janvier 1831 sous ce titre : KEEPSAKE AMÉRICAIN, *morceaux choisis de littérature contemporaine* (New-York, Philadelphie, Paris); c'est un petit volume de 362 pages. Astoin était un éditeur novice et sans clientèle ; cette publication ne fut point remarquée, en sorte que le *Saule* se trouvait inutilement défloré. Alfred de Musset se repentit de sa prodigalité. Ce poème contenait des beautés d'un genre nouveau pour lui et dont il eût souhaité de voir l'effet sur le public. Plus tard, lorsque M. Buloz vint lui demander sa collaboration, la *Revue des Deux-Mondes* ne devant offrir à ses lecteurs que des ouvrages inédits, le *Saule* ne pouvait plus y être inséré. Enfin, en 1835, Alfred voulut traiter le même sujet dans un cadre moins étendu et le réduisit aux proportions d'une simple élégie, ce qui explique pourquoi quelques vers du *Saule* sont répétés dans *Lucie*. C'est encore pour la même raison que Bernerette chanta au milieu des bois de Montmorency l'invocation à l'étoile du soir, qui se trouve dans le *Saule*, et, à vrai dire, c'était de la poésie d'un ordre bien élevé pour cette pauvre fille. Considérant son poème comme noyé à tout jamais, Alfred saisit ces deux occasions d'en sauver quelques débris. Mais, longtemps après, lorsque tous ses ouvrages furent réimprimés, il réunit le *Saule* aux autres poésies et le publia en entier sans s'inquiéter des passages répétés.

Pendant les premiers mois de l'année 1831, à la sollicitation de Jacques Coste, directeur du *Temps*, Alfred de Musset écrivit quelques articles de critique et de fantaisie pour ce journal*. Tour à tour laborieux et dissipé, il travaillait avec une ardeur incroyable, pourvu que rien ne vînt le distraire; car une fois le travail achevé ou interrompu, le poète redevenait dandy. Ses amis, plus riches que lui, l'enlevaient trop souvent à ses livres. D'ailleurs, il ne se cachait pas de ses goûts aristocratiques. Tous les endroits consacrés à la *fashion* exerçaient sur lui un attrait irrésistible. C'était l'Opéra, où il avait ses entrées, le Théâtre-Italien, le boulevard de Gand, le *Café de Paris*, où se réunissaient des hommes fort distingués, mais sans autre lien entre eux que celui de l'habitude. On jouait gros jeu; on faisait des parties de plaisir d'une durée illimitée, des gageures insensées dont il fallait remplir les conditions à la rigueur, dût-on s'y casser le cou. — La devise de l'endroit était : Pas de quartier ! — Un soir on apprit qu'un des habitués de la réunion ne viendrait plus. Le bruit courut qu'il avait pris avec lui-même l'engagement de se brûler la cervelle le jour où il aurait perdu ou dépensé son dernier louis, et que, ce moment venu, il s'était tenu parole avec un

---

* On a dit qu'il avait profité de la liberté d'écrire des articles sans signature pour attaquer M. Victor Hugo; cette accusation n'a aucun fondement : il n'a publié dans le *Temps* que deux morceaux de critique littéraire, l'un sur les Pensées de Jean-Paul, l'autre sur les Mémoires de Casanova. Ses autres articles sont des *Revues fantastiques* sur des sujets de circonstance, et qui ne renferment d'attaques contre personne, comme on peut le vérifier par la lecture du volume des *Mélanges*. — Heureusement Alfred de Musset a conservé les numéros du *Temps* dans lesquels il avait écrit.

sang-froid et un courage dignes d'une action meilleure. Ce lugubre épisode ne fut pas étranger à la conception de *Rolla*. Pour se mouvoir à l'aise sur un terrain si dangereux, il ne suffisait pas d'un habit à la mode; il fallait encore que la poche fût bien garnie, et quand ce lest indispensable lui manquait, le jeune dandy avait, par bonheur, assez de raison pour retourner au travail*.

En 1832, Alfred de Musset perdit son père. Cet événement marqua dans sa vie comme une grande division et changea le cours de ses idées. Il voulut tenter un effort pour conquérir une position nouvelle. Son talent avait mûri et il s'était fait une poétique bien différente de celle des *Contes d'Espagne*. Il écrivit trois poèmes de genres très divers : *la Coupe et les Lèvres, A quoi rêvent les jeunes filles* et *Namouna*. Ces trois ouvrages composèrent un volume qui parut en janvier 1833, sous ce titre : *un Spectacle dans un fauteuil*. De ce moment date sa séparation de l'école romantique. — Plus de soirées triomphales! plus de cris d'enthousiasme! — Mais il se consola en pensant qu'il serait aussi sevré de discussions stériles : « L'esprit de controverse, disait-il, ressemble à Messaline; il se fatigue sans

---

* Je ne sais pourquoi M. Taine, dans une étude très belle sur le poète anglais Tennyson, a représenté Alfred de Musset rôdant le soir dans les plus laides rues de Paris. Rien n'est plus inexact : Musset détestait les cloaques et n'y passait jamais qu'en voiture. Quant aux fabricants de mémoires apocryphes et aux inventeurs d'anecdotes qui mêlent le nom du poète des *Nuits* à ceux des bohêmes dont ils écrivent l'histoire, on ne les réfute pas; c'est assez de faire voir qu'ils parlent d'un homme qu'ils n'ont jamais connu. On publie tous les jours des historiettes et de prétendus souvenirs sur Alfred de Musset; je n'en ai pas encore rencontré un seul où il y eût une ombre de vérité.

jamais se rassasier. Assez longtemps j'ai épilogué sur des livres, puis sur des pages, puis sur des périodes, puis sur des épithètes, puis sur une rime, puis sur la virgule d'une césure. Assez longtemps j'ai joué avec les mots. Je désire maintenant sentir, penser et exprimer librement, sans subir la règle d'aucun ordre et sans dépendre d'aucune église. »

Cette indépendance souleva de grandes colères. Alfred de Musset devint un déserteur, un transfuge. C'étaient là de bien gros mots appliqués à un jeune homme, parce qu'il ne voulait plus briser ses vers et qu'il reconnaissait quelque mérite à la poésie de Racine. N'était-ce pas aussi une prétention bien grande, de la part des fondateurs d'une école littéraire, que celle de faire de leurs systèmes des dogmes et des articles de foi auxquels il fallait demeurer attaché jusqu'à la mort, comme s'il se fût agi de l'Eucharistie et de la présence réelle?

Peu de temps après la publication de ses nouvelles poésies, M. Buloz vint s'assurer la collaboration de l'auteur, et cette visite fut le commencement de relations que la mort seule interrompit. Le premier travail d'Alfred de Musset que la *Revue des Deux Mondes* ait offert à ses lecteurs est *André del Sarto*. Quoi qu'on en puisse dire, un spectacle dans un fauteuil n'est point un spectacle; tout ouvrage dramatique a besoin du prestige de la scène, et de l'interprétation des comédiens. Si ce beau drame, au lieu de rester pendant dix-huit ans dans les brochures et les livres, fût arrivé au théâtre en 1833, et que le premier rôle eût été rempli par Frédérick Lemaître, qui était alors dans toute la force de son talent, le public y aurait trouvé des jouissances qui ne lui seront pas données de longtemps. On ne connaîtra tout l'effet que ce drame peut produire au théâtre que le jour où le rôle d'André sera joué par un grand acteur.

La comédie des *Caprices de Marianne* suivit de très près *André del Sarto*, et trois mois plus tard, le 15 août 1833, parut *Rolla*. Stendhal admirait particulièrement ce poème. « Il y avait, disait-il un jour à Alfred de Musset, une lacune dans la littérature française. Il nous manquait un équivalent de ce *Faust* et de ce *Manfred* dont l'Allemagne et l'Angleterre s'enorgueillissent avec tant de raison. Cette lacune est comblée; mais vous avez fait une grande nouveauté en donnant au doute l'accent de la prière. Cela ne s'était jamais vu, et soyez assuré qu'il vous en sera tenu compte. »

Il n'est pas inutile, en lisant *Rolla*, de se rappeler l'âge de l'auteur. Une connaissance si juste des sentiments et des inquiétudes d'une génération entière ne pouvait pas être le résultat de l'expérience dans un jeune homme de vingt-deux ans. En voyant les pas immenses que fait le poète d'un ouvrage à l'autre, on peut se demander si les épreuves auxquelles son cœur devait être bientôt soumis étaient nécessaires au complet développement d'un génie si précoce*.

A l'automne de 1833, Alfred de Musset partit pour l'Italie. Il en revint au mois d'avril suivant, à peine rétabli

---

* La première de ces épreuves est connue. On me saura gré, je l'espère, de ne point revenir ici sur ce sujet. Je n'en ai parlé ailleurs que contraint et forcé par un devoir impérieux. Il existe dans les poésies d'Alfred de Musset des traces nombreuses de ce triste souvenir, — moins nombreuses cependant qu'on ne l'a cru jusqu'à présent, comme nous le prouverons tout à l'heure.

d'une fièvre cérébrale dont il avait failli mourir à Venise. Tout languissant qu'il était pendant cette fatale année 1834, il écrivit deux de ses ouvrages les plus remarquables, tous deux empreints d'un cachet particulier de passion et presque de violence : *On ne badine pas avec l'amour* et *Lorenzaccio*. Un jour, son ami Alfred Tattet lui faisait remarquer que dans le premier de ces deux ouvrages certains détails semblaient appartenir au siècle dernier et d'autres au temps présent. Il répondit en souriant : « Pouvez-vous me dire de quel temps est l'homme et sous quel règne a vécu la femme ? »

Il avait voulu, en effet, que le sujet fût applicable à tous les temps. De là ces noms bizarres de Perdican, Blazius, dame Pluche, qui ne sont d'aucune époque déterminée. Partout où les amants, au lieu de s'entendre, chercheront à se faire des blessures, partout où l'orgueil et l'amour lutteront ensemble, cette comédie sera comprise et sentie, et les anachronismes prémédités servent justement à lui donner une portée plus grande et plus générale. *Lorenzaccio* est d'un genre tout différent. Le sujet, emprunté aux *Chroniques florentines*, exigeait des recherches et quelques méditations. Alfred de Musset, qui en avait composé le plan à Florence, voulait que ce drame fût une peinture vraie des mœurs italiennes au seizième siècle. Ce sujet lui plaisait extrêmement; il le trouvait aussi fécond et aussi beau que celui d'*Hamlet*, et je suis de cet avis. Lorenzo rêvant l'affranchissement de sa patrie opprimée par les Médicis et par Charles-Quint, a certainement dans la tête une idée plus grande que celle du prince de Danemark ne songeant qu'à venger la mort de son père. Hamlet devient admirable, il est vrai, lorsqu'il sent sa raison s'égarer en jouant trop bien son rôle de fou ; mais Lorenzo n'a-t-il pas une signification morale plus profonde lorsqu'il se sent vicieux pour avoir trop bien joué la comédie du vice ? Cet ouvrage n'est point encore connu et apprécié comme il mérite de l'être.

Lorenzaccio a été écrit avec tant de verve et de facilité qu'on ne trouve presque pas de ratures sur le manuscrit autographe; et cependant l'auteur ne prenait point de notes; son portefeuille, c'était sa mémoire, qui le jour de l'exécution ne lui faisait jamais défaut. Une liste de personnages et quelques numéros de scènes représentaient à son esprit tout le plan d'une comédie. Souvent même, avant de prendre la plume, il jetait au feu ces préparations du travail, qu'il appelait des *épluchures*. Tandis que son drame était sous presse, Alfred partit pour Bade, où il alla chercher des distractions dont il avait grand besoin, car il se tenait enfermé dans sa chambre depuis quatre mois, et cette réclusion volontaire devenait dangereuse pour sa santé. Il rapporta de son voyage à Bade le sujet du poème intitulé *une Bonne fortune*, où l'on voit que les distractions avaient porté d'excellents fruits.

L'année 1835 est une des plus fécondes et aussi des plus agitées de la vie d'Alfred de Musset. Dans la seconde moitié de cette année, il fut pris d'une véritable fièvre productive que les amours et les blessures ne firent qu'entretenir et surexciter. Le 1ᵉʳ juin, il publia *Lucie*, et quinze jours après, *la Nuit de Mai*. Ce qui avait transpiré des peines de cœur du poète contribua au grand succès de ce dernier morceau. Il composa ensuite *la Quenouille de Barberine*, où il prit plaisir à mettre en scène des personnages du vieux temps et des caractères simples, pour mieux se préparer, par le contraste des sujets, à traiter de la maladie du siècle et à créer les deux types compliqués d'Octave et de Desgenais, car il aimait à mener deux idées de front et rêvait volontiers de l'une au moment même où il exécutait l'autre. La *Confession d'un enfant du siècle* aurait été écrite avec autant de rapidité que *Lorenzaccio* si l'auteur ne se fût plusieurs fois interrompu dans ce long travail. D'abord, il voulut protester, au nom de la poésie, contre un projet de loi désastreux pour les libertés publiques et dont l'attentat de Fieschi était le prétexte. La *Revue des Deux Mondes* publia le 1ᵉʳ septembre les vers intitulés *la Loi sur la presse*, et le 15 du même mois l'introduction de la *Confession d'un enfant du siècle*. Un détail rassurant fera connaître l'état d'esprit de l'auteur. Entre deux de ces pages brûlantes où il traçait un tableau si sombre du mal de la *désespérance*, il s'interrompit encore pour improviser en quelques jours le *Chandelier*, qui est assurément une de ses comédies les plus gaies.

Il nous faut parler maintenant d'un incident qui devait porter une nouvelle atteinte au repos du poète. Malgré le peu de loisirs que lui laissaient ses travaux, Alfred avait encore trouvé le temps de visiter assidûment une jolie femme, d'en devenir amoureux et de se faire aimer d'elle en lui adressant les stances *A Ninon*. Il débuta dans ce nouvel amour par un accès de jalousie qui lui fit croire, un moment, qu'il avait perdu la faculté d'aimer. A peine eut-il reconnu et réparé sa faute que son bonheur s'envola. Un mot suffit pour apprendre au lecteur ce qui advint : la dame n'était autre que le personnage d'Emmeline, et dans la situation compliquée où elle se trouvait, l'amant devait être infailliblement sacrifié. Deux ans plus tard, le héros de ce roman a raconté lui-même comment s'opéra la brusque séparation d'Emmeline et de Gilbert. Les détails en sont rapportés avec assez d'exactitude, hormis à la dernière ligne, où il est dit que Gilbert partit pour un long voyage, parce que l'exécution de cette clause rigoureuse ne fut point exigée.

Cette aventure s'était dénouée avec une précipitation foudroyante. Aux émotions et péripéties succédaient tout à coup le calme plat et la solitude. Alfred resta comme étourdi de son malheur; mais son abattement ne dura qu'un instant. Cette fois, il n'était aux prises qu'avec le Devoir, qui n'interdit pas les plaintes pourvu qu'on s'incline devant lui. Fort heureusement, il n'est pas toujours vrai que « la bouche garde le silence quand le cœur parle ». Le premier cri arraché par cette nouvelle blessure est *la Nuit de décembre*, qui ne fait point suite, comme on le voit, à *la Nuit de mai*, et prend sa source dans des sentiments d'un ordre bien différent.

La *Confession d'un enfant du siècle*, restée sur le chantier, n'en était encore qu'à la rencontre d'Octave et de Brigitte. L'auteur avait commencé cet ouvrage avec l'intention de conclure par l'accord des deux amants, afin de montrer le héros guéri de sa première blessure par un nouvel amour. Mais des impressions toutes fraîches dont il avait le cœur plein l'invitaient à pousser les choses plus loin. La matière n'était point épuisée. Du souvenir d'une querelle d'amoureux qui lui avait laissé des remords exagérés, il tira un riche sujet d'étude, dont les développements remplissent les dernières parties de la *Confession*. Je l'ai déjà dit ailleurs : cet ouvrage n'a d'une confession que le titre et la forme*. Octave, Desgenais, Smith et Brigitte sont des figures idéales composées de mille traits observés sur des modèles divers. Cependant les lecteurs attentifs qui voudront en prendre la peine découvriront aisément quelques traits de ressemblance entre Emmeline et Brigitte Pierson.

On ne pouvait pas empêcher Gilbert de passer, le soir, dans la rue où demeurait cette Emmeline si regrettée, et de jeter un coup d'œil sur ses fenêtres. Au mois de février, pendant une nuit de carnaval, il usa de cette liberté. Les cruelles impressions qu'il rapporta de cette excursion nocturne produisirent la *Lettre à Lamartine*, qui est le complément de la *Nuit de décembre*. Les lecteurs de ce temps-là, pas plus que ceux d'aujourd'hui, n'ont dû prendre au pied de la lettre le passage de cette poésie où il est parlé d'un *lien de dix ans*. Comment un amour de dix ans aurait-il pu trouver place dans la vie d'un jeune homme qui n'en avait que vingt-cinq? On a vu, d'ailleurs, ce qui en était. La douleur d'un amant malheureux ne se mesure pas par le temps que son bonheur a duré; mais le poète, en s'adressant à Lamartine, a pensé qu'on ne voudrait pas croire à tant de regrets et de désespoir pour un lien rompu aussitôt que formé. En poésie, l'amour qu'on pleure est toujours, au moment des larmes, le premier, l'unique amour. Les souvenirs d'Emmeline occupent une place considérable dans l'œuvre d'Alfred de Musset, puisqu'on leur doit deux de ses pièces de vers les plus admirées et l'un de ses meilleurs ou-

---

* Voir tome VIII, page 1.

vrages en prose. Le récit de cet épisode était nécessaire pour éclaircir certains passages des poésies, expliquer des contradictions apparentes et mettre fin à des méprises qui ont duré assez longtemps.

Le sort devait au pauvre Gilbert quelque dédommagement, après tant de chagrins et de sacrifices. Le vide affreux où le laissait la perte d'Emmeline se trouva comblé par l'acquisition d'un bien plus durable qu'un amour plein d'écueils. C'est en ce temps-là qu'une charmante femme l'adopta pour filleul et lui permit de l'appeler sa marraine. Il n'avait pas eu de peine à la distinguer dans la foule du monde parisien, où elle avait une réputation de femme d'esprit, et il ne fut pas seul à l'apprécier : quiconque a reçu d'elle un billet sait que jamais elle n'a pris la plume, ne fût-ce que pour écrire quatre lignes, sans qu'il lui soit échappé quelque joyeuse étincelle.

Ces noms de filleul et de marraine indiquent le rôle et la part de chacun dans cette gracieuse intimité; mais on se tromperait fort si l'on pensait que le poète, avec son organisation de sensitive, passait sa vie à se faire plaindre et consoler. Il était, au contraire, ménager des contributions de l'amitié, et il en usa toujours discrètement. D'ailleurs, les confidences du filleul, même les plus sérieuses, se faisaient sur le ton du badinage; c'était une manière de payer son écot, en cherchant à amuser une personne dont la gaieté pétillante avait le pouvoir de dissiper la tristesse et les inquiétudes.

Alfred de Musset avait encore une amie dont l'affection presque maternelle lui fut extrêmement chère. La duchesse de Castries joignait à tous les avantages de l'esprit les qualités plus rares d'un grand caractère*. Clouée dans son fauteuil par une maladie incurable dont elle ne parlait jamais, toujours occupée des autres au milieu de souffrances incessantes, cette femme courageuse n'existait plus que par le cœur et l'intelligence. Sa vie était un exemple continuel de patience et de résignation, et cet exemple ne fut pas sans exercer quelque influence sur le garçon le plus impatient du monde. Elle avait une très petite cour composée de jeunes femmes et d'amis intimes, qui venaient chez elle pour la distraire et la consoler; mais on ne publiait pas tout ce qu'elle prodiguait aux autres d'encouragements et de consolations. Alfred de Musset demeurait dans le voisinage de la duchesse de Castries et la voyait très souvent : « Quand j'ai besoin de courage, disait-il en parlant d'elle, je sais *où on en tient.* » La duchesse lisait beaucoup; elle était au courant de toutes les nouveautés littéraires, qu'elle jugeait par elle-même, en grande dame, avec un goût pur, même un peu sévère, et des arrêts parfaitement motivés. — Le jour de la première représentation du *Caprice*, elle se fit porter à la Comédie-Française. — Malgré son âge et ses infirmités, elle survécut au poète qu'elle avait aimé comme un fils. Celle-là, du moins, resta toujours fidèle à sa prédilection. Jamais elle n'aurait souffert qu'on parlât mal d'Alfred de Musset devant elle, et jamais on ne la vit tomber dans les travers de l'engouement pour des esprits médiocres, — tristes démentis que les femmes se donnent trop souvent à elles-mêmes. — Mais revenons au pauvre Gilbert.

---

* Elle était demoiselle de Maillé et nièce du duc de Fitz-James.

Quatre mois sont un délai raisonnable après lequel un chagrin d'amour peut s'apaiser. La jeunesse et l'imprévu vinrent achever brusquement la guérison commencée par le temps, le travail et les consolations de l'amitié. Le type aujourd'hui disparu de la grisette parisienne n'était pas encore introuvable en 1836. Vis-à-vis de la chambre où l'amant sacrifié d'Emmeline enfermait sa mélancolie, demeurait une jeune fille désœuvrée, souvent à sa fenêtre et qui regardait beaucoup son voisin. Bernerette ne possédait au monde que ses dix-neuf ans et sa beauté. Un jour de printemps elle jeta son cœur par la fenêtre, et le voisin le ramassa. C'est ainsi que Gilbert se transforma en Frédéric. Cette folie de jeunesse et ces amours d'étudiant ont fourni, plus tard, le sujet d'un récit des plus touchants. Comme pour celui d'*Emmeline*, il ne faut chercher l'exactitude que dans les sentiments. Malgré son culte pour la vérité, l'auteur est artiste avant tout. Quelques détails sont vrais, beaucoup sont inventés. Vouloir les distinguer les uns des autres serait une chose impossible. Ce qu'on peut éliminer avec assurance de l'histoire de Bernerette, c'est le dénoûment tragique. La jolie grisette quitta Paris et s'envola dans l'espace, non sans verser bien des larmes ; mais elle n'en mourut pas, et peut-être vit-elle encore.

Il est aisé de voir, par les productions d'Alfred de Musset, en 1836, qu'il jouissait alors d'une grande liberté de cœur et d'esprit ; c'est d'abord *Il ne faut jurer de rien*, l'une de ses comédies les plus applaudies ; bientôt après vient la *Nuit d'août*, où le poète se fait gronder par la Muse, afin de pouvoir lui répondre victorieusement ; puis les *Stances sur la mort de la Malibran*, dans lesquelles il eut le bonheur d'exprimer un sentiment général et des regrets que tout le monde partageait. Cette fois sa sensibilité poétique s'était émue pour d'autres chagrins que les siens. Dans les lettres de deux habitants de La Ferté-sous-Jouarre, il traita ensuite plusieurs questions de critique littéraire avec une verve comique dont le tour d'esprit rappelle celui de Paul-Louis Courier*. Ces essais excitèrent beaucoup de curiosité; on en demandait la suite; mais l'auteur n'avait que peu de goût pour la critique; il ne s'y adonna jamais que par boutade. Selon lui, la meilleure guerre à faire aux mauvais ouvrages, c'était de tâcher d'en produire de bons. Une fois qu'on l'eut reconnu sous le double pseudonyme de Dupuis et Cotonet qu'il avait adopté pour publier les lettres de la Ferté-sous-Jouarre, il changea d'occupation et il écrivit le *Caprice*, dont l'idée lui fut inspirée par le cadeau anonyme d'une bourse. Tout le monde connaît aujourd'hui la fortune bizarre de cette comédie. Pour aller de la rue des Beaux-Arts, où étaient alors les bureaux de la *Revue des Deux Mondes*, jusqu'au théâtre de la rue Richelieu, le *Caprice* passa par Saint-Pétersbourg et mit dix ans à faire le voyage.

Je l'ai déjà dit: Alfred de Musset était naturellement confiant, et même crédule,

> Se défendant de croire au mal,
> Comme d'un crime,

ainsi qu'il l'écrivait encore dans une de ses dernières poésies. Cependant il ne dépendait pas de lui d'ignorer ce que l'expérience lui avait appris. Parfois, il croyait au mal, sans

---

* Alfred de Musset n'a jamais été à La Ferté-sous-Jouarre. Il a choisi le nom de cette ville par pure fantaisie.

pouvoir s'en défendre. Un jour, qu'il se surprit en flagrant délit de soupçon injurieux, il se fit à lui-même son procès, et non content de se reprocher ses mauvaises pensées, il en rechercha la cause et il crut la découvrir dans la première leçon de tromperie qu'il avait reçue. Cet examen de conscience tourna en sujet de poésie, et il en sortit la *Nuit d'octobre*, que l'on doit considérer comme la suite et la conclusion de la *Nuit de mai*, malgré l'intervalle de plus de deux ans qui s'était écoulé de l'une à l'autre.

Jusqu'alors Alfred de Musset n'avait point encore écrit de *Nouvelles*. Il voulut s'essayer dans ce genre de littérature que Boccace, Cervantes et Mérimée ont élevé au niveau de la poésie, de la comédie et du drame. Le premier sujet qui lui vint à l'esprit fut celui d'*Emmeline*. Le succès de ce récit l'encouragea. En dix-huit mois, du 1er août 1837 au 15 février 1839, il composa six *Nouvelles*, dont je n'ai pas besoin de répéter ici les titres. Celle que l'auteur estimait la meilleure est le *Fils du Titien;* il en avait remarqué le sujet, en même temps que celui d'*André del Sarto,* dans une histoire de la peinture italienne. Quand il eut achevé ces six petits romans, il s'arrêta disant qu'il avait assez de la prose. Ce n'était pas qu'il eût négligé la poésie pendant ces dix-huit mois. Il y était même revenu à trois reprises, et avec assez de bonheur. Un jour qu'il ouvrit un volume de Spinosa, il se sentit provoqué par les formules démonstratives de ce philosophe, et il engagea dans son esprit la discussion avec lui. Ce redoutable raisonneur n'eut pas le pouvoir de le persuader. Une fois attiré sur ce terrain, il se mit à relire nuit et jour, avec son ardeur habituelle, tous les livres qui ont traité de ce qu'il est interdit à l'homme de connaître. Le grand problème l'avait bien souvent agité. Jamais il ne levait les yeux au ciel, pour contempler l'infini, sans éprouver une sorte de dépit

> De ne pas le comprendre et pourtant de le voir.

Dans un moment d'enthousiasme, il répondit à tous les grands penseurs avec lesquels il venait de lutter par *l'Espoir en Dieu*.

Peut-être la fameuse combinaison politique des *mariages espagnols* fut-elle conçue en haut lieu plus tôt qu'on ne l'a dit. Alfred de Musset reçut en 1837 l'offre d'un poste d'attaché d'ambassade à Madrid. Son esprit, sa figure, son parfait usage du monde, le rendaient plus apte que bien d'autres à remplir un tel emploi, et il est probable que le prince royal lui-même avait désigné son ancien condisciple. Alfred objecta son peu de fortune; on lui répondit qu'on y pourvoirait. Quelques années plus tôt cette proposition aurait pu le séduire; mais, malgré sa jeunesse, il ne se sentit pas le courage de rompre les liens de famille, d'habitude et d'amitié qui l'attachaient à la vie parisienne. Son refus ne produisit aucun fâcheux effet, et il témoigna sa reconnaissance pour les bonnes intentions du prince royal, en publiant sur la naissance du comte de Paris une pièce de vers qui ne contient pourtant pas un seul mot de flatterie.

A la fin de l'année 1838, il y eut, comme Alfred l'écrivit un jour à sa marraine, un coup de vent favorable dans le monde des arts. Deux jeunes filles d'un génie extraordinaire se révélèrent en même temps. L'émotion causée par l'apparition de ces deux étoiles se communiqua rapidement parmi les esprits sincèrement voués au culte du beau.

Pauline Garcia, âgée de dix-huit ans, arrivait de Bruxelles, et commençait à se faire entendre dans quelques salons. Rachel débutait à la Comédie-Française. Alfred de Musset prit un intérêt extrême aux succès de ces deux jeunes artistes. Quand il vit Rachel attaquée par les feuilletons de théâtre, il s'emporta jusqu'à rompre des lances en sa faveur. Un soir, Roxane invita son défenseur à venir manger chez elle un souper frugal et improvisé, dont tous les détails sont racontés dans une lettre bien connue à laquelle nous renvoyons le lecteur. On ne concevrait pas comment des relations de ce genre n'ont pas produit quelque chef-d'œuvre dramatique, si l'on ne connaissait aujourd'hui l'humeur capricieuse de Rachel et son peu de discernement dans le choix d'un rôle, hors du répertoire de Corneille et de Racine. Ne faut-il pas déplorer aussi la modestie de l'auteur de *Lorenzaccio*, qui hésitait encore à se croire capable de faire une pièce de théâtre présentable?

Mademoiselle Rachel obtint pourtant de lui la promesse d'écrire une tragédie. Il y eut un commencement d'exécution, comme on le voit par le fragment de la *Servante du roi*; mais cette femme inconstante s'engoua bientôt d'autre chose, et le poète mécontent s'éloigna, car les vrais poètes sont précisément ceux qui ne savent pas se moquer des caprices et qui ont besoin, pour travailler avec plaisir, d'un mobile autre que l'intérêt. Deux ou trois fois en sa vie, Rachel, guidée par un vague instinct, revint à Alfred de Musset et lui demanda un rôle. Malheureusement, la grâce et les séductions qu'elle employa dans ces rares moments de clairvoyance ne servirent qu'à rendre plus choquants et plus désagréables ses soudains revirements d'idées. Ces deux êtres, dont l'accord eût été si utile, allèrent ainsi se brouillant et se réconciliant jusqu'au départ de Rachel pour l'Amérique.

A l'occasion des débuts de Pauline Garcia, Alfred de Musset publia deux morceaux de critique, réimprimés pour la première fois dans cette édition. Le premier était accompagné d'une pièce de vers qu'on en a détachée pour l'insérer parmi les poésies, mais qui gagne beaucoup à être rétablie dans le cadre où l'auteur l'avait placée. Le second contient une dissertation remarquable sur l'*Othello* de Shakspeare comparé à celui de Rossini. Des relations amicales s'ensuivirent entre le poète et Desdemona; mais malgré les efforts d'un petit nombre de gens de goût, le public donna quelques signes de refroidissement pour la jeune cantatrice, qui prit la résolution d'aller chercher fortune dans les pays étrangers. Rachel était alors dans un de ses accès d'ingratitude pour son défenseur. Alfred de Musset ne se vit pas sans tristesse oublié de ces deux artistes dont il avait salué les premiers succès avec tant de joie et d'enthousiasme. Il n'y a pas loin de l'admiration à l'amour dans le cœur d'un poète de vingt-huit ans, et l'on ne risque guère de se tromper en supposant qu'il les aimait toutes deux; mais ce qu'il aimait surtout en elles, c'était le feu divin, et de cet amour-là il aurait pu brûler pour dix personnes à la fois. J'ai quelques raisons de croire que les vers intitulés *Adieu* s'adressaient, dans la pensée de l'auteur, à Desdemona partant pour l'Angleterre ou la Russie.

D'un côté, les belles illusions s'envolaient; d'un autre côté arrivèrent des soucis d'une réalité incontestable. Par suite de la détermination qu'il avait prise de laisser reposer la prose, — détermination qu'il croyait bonne et sage, — Alfred eut quelques embarras d'argent. C'était sa faute, si l'on veut; il est même hors de doute que l'auteur de *Fantasio* ne sut jamais gouverner ses finances avec la régularité d'un caissier de la Banque ; mais ce jeune homme, qui n'avait eu besoin que de regarder en lui-même pour créer tous ces types charmants d'enfants prodigues qui répandent tant de gaieté dans ses comédies et ses *Nouvelles*, était en même temps le modèle de ce loyal et tendre Cœlio qui se plaint à son ami Octave qu'une dette pour lui est un remords. La dette une fois contractée, le moyen le plus simple de s'en défaire, c'était d'écrire un bon nombre de pages. Or, il ne le voulait pas, quoi qu'il pût lui en arriver, parce qu'il ne croyait pas le devoir faire dans l'intérêt de sa réputation. Rien au monde n'aurait pu le déterminer à suivre l'exemple de quelques écrivains de ce temps-là, qu'on voyait surmener leur imagination et s'épuiser dans des travaux excessifs. Ce qu'il a souffert pendant cette crise terrible, lui seul pouvait l'exprimer. Un jour, il conçut la pensée de chercher un remède à sa souffrance dans sa souffrance même, en faisant le récit des tortures d'un poète condamné par la nécessité à un travail qu'il méprise. Il écrivit sur ce sujet quarante pages d'un pathétique déchirant, et qui surpassaient en éloquence la *Confession d'un enfant du siècle* elle-même. Deux personnes seulement ont été admises à en écouter la lecture, son frère et son ami Alfred Tattet, qui en furent profondément troublés. Je ne vois dans aucune littérature un équivalent de cette œuvre étrange. Dans un moment où il se croyait bien résolu à l'achever et à la livrer aux imprimeurs, Alfred de Musset consentit à en laisser promettre la prochaine publication aux lecteurs de la *Revue des Deux Mondes*. Cependant il s'en repentit bientôt après et relégua les fragments dans un carton. Son indécision durait encore, lorsqu'il se vit tout à coup débarrassé de ses ennuis par un incident qu'il ne pouvait pas prévoir : un matin, M. Charpentier vint lui proposer de réimprimer ses ouvrages dans un nouveau format qui devait mettre les livres à la portée des petites fortunes et faire une révolution en librairie. Une entrevue d'une heure changea complètement la situation financière du poète, et cette visite inattendue avait pour lui tant d'à-propos, qu'il la reçut avec une sorte d'étonnement superstitieux. M. Charpentier fut obligé de lui expliquer que cet événement était la chose la plus naturelle du monde, car Alfred ne voulait pas croire que le moment fût venu de réimprimer ses premiers vers, et surtout les *Contes d'Espagne et d'Italie*. — Depuis lors, ils ont eu vingt fois les honneurs de la réimpression. — Quant à l'ouvrage promis aux lecteurs de la *Revue des Deux Mondes*, l'auteur ne songea plus à l'achever, parce que le mobile de son travail s'était envolé avec son grand désespoir, et il ne se crut pas engagé par une simple annonce à communiquer au public un document si intime.

Au milieu de ses embarras financiers, Alfred avait pris un plaisir mêlé d'entêtement à n'obéir qu'aux caprices peu lucratifs de sa Muse. Des sonnets, des chansons, l'*Adieu* dont nous avons déjà parlé, des reproches à un cœur de marbre, une idylle, voilà tout ce qu'il avait produit en six mois, et le public ne connaissait encore de ces divers morceaux que le dernier, c'est-à-dire le dialogue entre Albert et Rodolphe. La marraine ne se contentait pas de si peu ; elle écrivit à son filleul pour lui demander d'où venait cet accès de paresse, car elle n'était point dans la confidence des grandes douleurs que l'arrivée de M. Charpentier devait bientôt calmer. Sans donner toutes les raisons de son silence, Alfred répondit par le conte de *Silvia*. Dans le volume de Boccace où il avait puisé le sujet de ce petit poème, il remarqua celui de *Simone* qu'il imita quelques mois plus tard. Un soir, au Théâtre-Français, la Muse fantasque vint l'agacer en lui montrant le cou blanc d'une belle jeune fille et lui souffler les vers sur *une Soirée perdue*. La moitié de ces vers était déjà faite lorsqu'il revint à la maison pour les écrire. Il trouvait un charme particulier dans ces petites compositions, précisément parce qu'elles ne sentaient pas le travail et qu'elles changeaient en poésie les impressions passagères, les rencontres et l'imprévu. Pendant l'hiver de 1841, une de ces rencontres fortuites, qui le frappa plus vivement que les autres, produisit le *Souvenir*, qu'il considérait comme une de ses meilleures inspirations et qu'il mettait au niveau des *Nuits*. Le succès de ce morceau ne répondit pas à son attente, et il en fut assez contrarié pour s'en plaindre à son ami Tattet et à son frère, seules personnes auxquelles il ait jamais fait des confidences de ce genre. Après la publication du *Souvenir*, il prit la résolution de se taire pendant quelque temps, non par lassitude ou par défaillance, mais parce qu'il lui venait de plusieurs côtés à la fois des sujets de chagrin et de mécontentement.

Certes, la critique, il y a vingt-cinq ans, n'était pas plus avare de louanges qu'aujourd'hui ; elle les distribuait avec la même profusion au charlatanisme et à la médiocrité : mais elle ne manqua pas de disputer à Alfred de Musset le rang qui lui était dû aussi longtemps qu'elle put le faire. Tantôt, abusant de sa modestie, elle le traitait comme un écolier sur l'avenir duquel on pouvait fonder quelques espérances, tantôt elle lui demandait quand finiraient ses essais et s'il donnerait bientôt la mesure de son talent. De 1833 à 1841 il avait publié, outre ses deux premiers volumes de poésies, contenant environ six mille vers, trente-cinq ouvrages en tous genres qui font à cette heure la supériorité, le crédit et l'honneur de la France littéraire dans le monde entier. Non seulement on ne lui tenait aucun compte de cette fécondité, mais on affectait de ne se souvenir que de l'*Andalouse* et de la *Ballade à la Lune*. C'était au point que les gens du monde en étaient scandalisés. Les amis d'Alfred de Musset, en lui répétant qu'on ne lui rendait pas justice, ne réussirent que trop bien à le lui faire comprendre, et ils regrettèrent trop tard leurs paroles imprudentes, lorsqu'il eut pris la détermination de laisser à sa réputation le temps de grandir, sans l'aide de personne. Son frère, M. Alfred Tattet, M. Buloz, eurent beau le supplier, et même le quereller : ce fut inutilement ; il leur répondait qu'il avait exercé quelque temps la profession de littérateur et fait tout ce qui concernait son état ; mais qu'il voulait être désormais un poète, et rien qu'un poète, c'est-à-dire pondre des vers, et non autre chose, et seulement lorsque l'envie lui en passerait par la tête.

La littérature d'imagination touchait alors à une de ses époques climatériques. Des journaux à bon marché avaient enfanté le roman-feuilleton. Dès son bas-âge, le monstre faisait assez connaître de quelles énormités il deviendrait capable en grandissant. Alfred de Musset en observait les débordements avec curiosité. « Voilà donc, disait-il, un des signes du temps présent? Lorsque Racine et Molière écrivaient pour Louis XIV et sa cour, ils étaient bien forcés de regarder au-dessus d'eux; ils avaient à contenter un monde exigeant, trop raffiné peut-être, souvent frivole ou dédaigneux; mais, au moins, la difficulté de lui plaire tenait éveillé l'artiste ou l'écrivain et l'engageait à bien faire. Aujourd'hui, il ne s'agit que d'amuser une foule ignorante qui ne se connaît à rien, ne se mêle point de juger et ne sait pas sa langue. A quoi bon lui parler français? Elle ne l'entendrait pas; quant à moi, je n'ai rien à lui dire. »

Enfin, à toutes les raisons qu'on lui donnait de rompre le silence, il répondait par des raisons meilleures de le garder. Mais quand la Muse venait d'elle-même le trouver, il la recevait bien. Ainsi, en lisant la chanson insolente du poète Becker, il ne résista pas au désir de relever avec verdeur le défi lancé à la France. En deux heures, il improvisa le *Rhin allemand*. Une autre fois, fatigué de questions sur les causes de ce qu'on appelait sa paresse, il eut un mouvement de colère poétique digne de Mathurin Régnier, et en voulant se justifier il écrivit une satire.

Un malheur public vint changer sa mauvaise humeur et ses ennuis en découragement. Alfred de Musset avait une affection sincère pour le duc d'Orléans. Il avait fondé de grandes espérances sur le règne futur de ce jeune prince, non dans l'intérêt de sa fortune, à laquelle il ne pensait point, mais dans celui des arts et des lettres. En maintes occasions, son ancien condisciple lui avait dit que, s'il ne dépendait de personne d'amener une nouvelle renaissance, du moins, on pouvait être sûr de revoir un jour, en France, une cour amoureuse des belles choses et occupée des plaisirs de l'esprit. Tout à coup il se trouva que ces espérances n'étaient plus que des chimères. Alfred ressentit un profond chagrin de la mort du prince royal; mais il ne voulut exprimer ce chagrin qu'au bout d'une année révolue, et le 13 juillet 1843, il tint parole.

En attendant le triste anniversaire, comme il lisait le petit volume des poésies de Leopardi, il sentit son cœur s'animer à cette lecture. Giacomo Leopardi, peu connu de son vivant, même en Italie, disgracié de la nature et de la fortune, inconsolable de l'abaissement de son pays, avait été un des hommes les plus malheureux de ce siècle. Ses vers, où respire une tristesse navrante, se distinguent par des qualités françaises, la concision et la sobriété. Le poète des *Nuits* prit plaisir à lui payer un tribut d'admiration et de sympathie.

Une jolie femme exerce, dans son petit domaine, une souveraineté à laquelle la poésie aura toujours affaire. Ne faut-il pas dire de son mieux, quand on exprime ce qu'une paire de beaux yeux vous inspire? Beaucoup de sonnets, de rondeaux, de stances qui, dans le siècle des madrigaux, auraient fait parler tout Paris, les uns sur un morceau de musique ou sur un mot échappé dans la conversation, les autres sur un billet, un regard, un sourire, ont vu le jour pendant cette période de paresse et de chagrin. Quelques-uns ont été retrouvés; mais plusieurs sont encore égarés et ne reparaîtront peut-être jamais*.

* Alfred de Musset n'a employé ni copiste, ni secrétaire; tout ce

L'auteur d'*Emmeline* n'avait pas publié une ligne de prose depuis trois ans, lorsqu'il consentit, pour contenter un éditeur qui lui témoignait de l'amitié, à écrire le *Merle Blanc*. Pensant faire une bagatelle sans importance, il composa un petit chef-d'œuvre d'allégorie fine et de critique innocente. Le même éditeur obtint de lui deux pièces de vers et, plus tard, l'historiette de Mimi Pinson, pour des publications illustrées. — Alfred de Musset ne se piquait pas d'un grand zèle pour le service de la garde nationale. On mit en prison le poète récalcitrant, et il rima gaiement sur sa captivité. — Le bon Nodier lui adressa des stances pleines de grâce et de jeunesse; il fallut bien répondre à Charles Nodier. — Un jour Alfred de Musset et Victor Hugo se rencontrèrent par hasard et se donnèrent la main, comme si leurs dissentiments n'eussent jamais existé. Madame Hugo envoya son album à l'ancien habitué du Cénacle, qui s'empressa d'y inscrire un sonnet composé sur la rencontre de la veille et par lequel on voit combien cette réconciliation si facile lui avait touché le cœur. — A l'occasion du retour de son frère, qui revint d'Italie à la fin de 1843, il improvisa des couplets qui finirent par former un petit poème dans le même rythme que les *Prigioni* et les stances à Nodier. — M. Véron, qui venait de prendre la direction d'un journal, s'entendait à faire travailler les paresseux ; il réussit à obtenir deux nouvelles en prose : *Pierre et Camille* et *le Secret de Javotte*. Sauf quelques chansons, c'est tout ce que produisit l'année 1844. Les reproches sur sa paresse lui devenant importuns, Alfred de Musset prit la fuite, au printemps

qu'on prétendra retrouver de lui n'aura pas d'authenticité, si l'on n'en produit pas les autographes.

de 1845. Il se rendit dans les Vosges, où son oncle Desherbiers occupait une sous-préfecture *. Il demeura quelque temps à Épinal, puis à Plombières, parcourut les montagnes, et s'en alla de ville en ville. Trois mois hors de Paris, c'était beaucoup pour lui : il y revint en août.

Un jour, étant en visite chez une femme du grand monde, entraîné par l'occasion et le tête-à-tête, il eut avec elle une conversation si intéressante et si animée, qu'il en voulut écrire la relation exacte en rentrant chez lui. Cette relation n'est autre chose que le proverbe : *Il faut qu'une porte soit ouverte ou fermée*, auquel l'avenir réservait un succès de théâtre dont l'auteur n'avait pas le moindre soupçon. Ces moments où la réalité se fait artiste ne se présentent pas souvent dans la vie, mais ce sont des bonheurs qui arrivent volontiers aux poètes. Quatre mots ajoutés en manière de dénoûment suffirent pour changer une causerie mondaine en comédie, et, par la force de l'habitude, cette comédie prit le chemin de la *Revue des Deux Mondes*, où elle passa presque inaperçue.

Depuis la mort du duc d'Orléans, il y avait en toutes choses une sorte de langueur et d'atonie. Je ne sais si Lamartine eut raison de dire en ce temps-là que la France s'ennuyait. Mais Alfred de Musset trouvait ce mot d'une vérité lamentable. Il s'en voulait à lui-même d'être né dans ce siècle de transition, au milieu d'une génération distraite, sans autre passion que celles de l'argent, de l'agiotage et de

---

* M. Desherbiers était un homme d'un grand mérite, d'une instruction profonde et d'un goût sévère. Son neveu le consulta souvent. Il aimait tendrement Alfred de Musset, auquel il survécut deux ans.

la mangeaille*, sans autre goût que celui du bric-à-brac. Il interrogeait les monuments, les productions des arts et de la littérature, pour y découvrir quelque signe d'un style et d'un caractère particuliers à notre époque, et il ne voyait partout que faiblesse, imitation, indécision et tâtonnements. Lorsque le pastiche gothique de Sainte-Clotilde s'éleva en face du pastiche athénien de la Madeleine, il se demanda ce que nos descendants penseraient de nous, et le rouge lui montait au visage. On parlait alors plus modestement qu'aujourd'hui des progrès de notre siècle. Il ne les niait point et se forçait même un peu pour les admirer; mais les conquêtes de la science sur la matière ne le consolaient pas des pertes de l'idéal. Il cherchait autour de lui quelque éclair de génie; et il n'en trouvait qu'aux représentations de Rachel; aussi n'en manquait-il pas une. Plus tard, quand madame Ristori vint en France, il la vit trente fois de suite dans le rôle de *Mirra*. La musique italienne était encore une de ses consolations. « Sans Rossini et Rachel, disait-il souvent, ce ne serait pas la peine de vivre. » Il ne songeait pas à se ranger lui-même parmi les dépositaires de la poésie et du génie, et quand nous lui faisions remarquer qu'il s'oubliait : « Oui, répondait-il, je sais bien que je marquerai mon sillage dans cet ennuyeux siècle; mais on ne s'en apercevra qu'après ma mort. »

Aux autres sujets de chagrin qu'il avait déjà vint se joindre le départ d'Alfred Tattet, qui s'éloigna de Paris pour toujours. La calomnie lui apporta aussi son contingent; elle ne manqua pas de feindre comme si elle prenait le silence

---

* Voir les vers *sur la Paresse*.

et le dédain pour de l'impuissance. Les insinuations malveillantes ou les attaques grossières ne pouvaient avoir sur un esprit aussi fier que le sien d'autre effet que d'augmenter le dédain et le désir de se taire. De 1845 à 1847, il ne voulut publier que trois ou quatre sonnets, les *Conseils à une Parisienne* et le profil de *Mimi Pinson*, afin de montrer que son silence était volontaire et que sa Muse n'avait perdu ni la verve, ni même la gaieté.

Un événement imprévu changea quelque peu ces fâcheuses dispositions d'esprit. M. Buloz, qui était alors administrateur de la Comédie-Française, ayant appris que madame Allan-Despréaux jouait le *Caprice* à Saint-Pétersbourg, voulut faire représenter cette pièce*. On hésitait encore sur la distribution des rôles, lorsque les négociations entamées pour le retour de madame Allan aboutirent à une heureuse conclusion. Cette grande actrice choisit précisément pour le jour de sa rentrée le rôle de madame de Léry. Il fallut bien la laisser faire. Le succès du *Caprice* obligea l'auteur à ouvrir les yeux et à reconnaître qu'il n'existait aucun abîme entre ses comédies et le théâtre. Cette soirée le réconcilia avec le parterre en

---

* Quelqu'un y avait déjà pensé deux ans auparavant. En octobre 1848, M. Bocage, directeur de l'Odéon, demanda l'autorisation de mettre en scène le *Caprice* sur son théâtre. On donna le rôle de Mathilde à une jeune et jolie débutante, mademoiselle Naptal, qui joua depuis les héroïnes de plusieurs mélodrames. Bocage en personne prit le rôle de Chavigny. Quant à celui de madame de Léry, je n'ai jamais su à quelle actrice le directeur l'avait confié. Plusieurs répétitions avaient eu lieu, lorsque l'auteur arriva enfin. Soit que le souvenir orageux de la *Nuit vénitienne* l'ait effrayé, soit que l'exécution lui ait paru insuffisante, il détourna Bocage de cette entreprise, et la pièce fut abandonnée.

lui prouvant qu'il y avait encore place dans le goût du public pour les ouvrages délicats. Le *Caprice* entraîna bientôt à sa suite plusieurs autres pièces du *Spectacle dans un fauteuil*, et chaque nouveau succès ajoutait à la réputation de l'auteur. Précisément parce que toutes ces comédies avaient été composées sans préoccupation des conventions du théâtre, il se trouva qu'elles y gagnaient une saveur particulière de grâce et d'originalité. Elles étaient censées heurter toutes les règles, et l'on s'aperçut qu'elles étaient conçues dans les règles véritables de l'art, qu'il ne faut pas confondre avec celles du métier, récemment inventées pour suppléer au style et déguiser la misère de la forme. Elles étaient censées vides d'intrigue et de péripéties, et l'on s'aperçut que l'intrigue et les péripéties s'y trouvaient dans l'ordre des sentiments où est leur véritable place.

Cette veine de bonheur arrivait bien tard ; cependant elle tira le poète de son indifférence dédaigneuse et lui rendit le cœur au travail. Il écrivit successivement les vers *sur Trois marches de marbre rose*, *Louison*, un proverbe, imité de Carmontelle, puis *Carmosine* et *Bettine*. Après les succès de théâtre qu'il venait d'obtenir avec le *Caprice*, *Il ne faut jurer de rien*, le *Chandelier*, etc., l'auteur, on en conviendra, eût été bien fou de continuer, de parti pris, à faire des pièces uniquement destinées à l'impression, comme dans le temps où il croyait de bonne foi que le public des spectacles ne voudrait pas même l'écouter ; aussi, lorsque M. Véron lui demanda une comédie pour le *Constitutionnel*, se donna-t-il la peine d'observer l'unité de lieu et de se préoccuper de la représentation. C'est avec cette pensée qu'il composa *Carmosine*. Alfred de Musset considérait cet ouvrage comme un des plus irréprochables qu'il eût écrits, et, en effet, cette comédie peut soutenir la comparaison avec les plus belles productions de sa jeunesse.

Mademoiselle Rachel ressemblait un peu à ces femmes romaines qu'elle représentait si bien et qui, selon le dire de Plutarque, couraient après les gens heureux. Quand elle vit la fortune des pièces tirées du *Spectacle dans un fauteuil*, elle courut après l'auteur pour obtenir de lui un rôle. Elle vint le voir, l'invita plusieurs fois à dîner, le pressa de travailler pour elle, et lui écrivit des lettres presque tendres. Il fit mieux que de se rendre : il s'enflamma. Quand il eut employé quelques jours à réfléchir et à consulter, il se décida pour le sujet de *Faustine*. Pendant ce temps-là, on répétait *Bettine* au théâtre du Gymnase. Par malheur, cette pièce fut accueillie froidement, et Rachel changea de pensée. Les invitations, les visites, les billets gracieux cessèrent tout à coup ; Rachel ne demanda plus rien et feignit d'avoir oublié *son auteur*, comme elle l'appelait dans ses lettres. Le premier acte de *Faustine* était presque achevé. Alfred de Musset, justement blessé, relégua dans un coin ce drame, qu'on trouve à l'état de fragment parmi les œuvres posthumes. Il suffit d'en lire une page pour reconnaître à l'allure passionnée du dialogue et à la vigueur du style que cet ouvrage était inspiré du même souffle que *Lorenzaccio*. Un caprice d'artiste en a privé le public, et l'on ne sait aujourd'hui ce qu'il faut déplorer le plus, ou de l'inconstance de la grande actrice ou de l'excessive sensibilité du poète. L'auteur de *Bettine* avait espéré prendre une revanche en s'associant avec Rachel. L'avortement de ce projet acheva de le décourager. Il s'éloigna du théâtre pour la seconde fois et tourna ses vues d'un autre côté. Bien peu d'académiciens le connaissaient autrement que de nom. Quelques-uns même en étaient restés depuis vingt ans au *point sur un i*. Cependant l'Académie lui ouvrit ses portes, et lorsqu'il prononça en séance publique l'éloge de M. Dupaty qu'il remplaçait, l'assemblée s'étonna de sa bonne mine et de sa jeunesse.

M. Fortoul, ancien collaborateur d'Alfred de Musset à la *Revue des Deux Mondes*, en lui rendant une place de bibliothécaire dont M. Ledru-Rollin l'avait destitué le lendemain de la révolution de Février, lui communiqua, un jour, le sujet du *Songe d'Auguste*, et le pria de le mettre en vers. Alfred s'acquitta de cette tâche le plus académiquement qu'il lui fut possible. Cet ouvrage, pour lequel Gounod composa de la musique, était destiné par le ministre à un spectacle de cour auquel la guerre de Crimée vint mettre empêchement.

Le *Moniteur* demandait une *nouvelle*. Alfred écrivit en quelques jours *la Mouche*, et je ne crois pas que, pour la grâce et la fraîcheur, cette petite composition soit au-dessous de ses autres récits en prose. On se sent, à la lecture de cette historiette, en rapport avec un esprit toujours vif et jeune. Les derniers chapitres de *la Mouche* furent achevés en décembre 1853, au moment où les premiers étaient livrés à l'imprimerie; ce ne fut pas son dernier ouvrage, puisque l'année suivante il fit encore *l'Ane et le Ruisseau*; mais ce fut sa dernière publication.

Dès son enfance, Alfred de Musset avait été sujet à des palpitations de cœur d'un caractère alarmant. Une émotion trop vive, le désir, la crainte, l'inquiétude, suffisaient pour lui donner des suffocations ou des hémorrhagies. Ces indispositions cessèrent dans son adolescence. A vingt ans, il jouissait d'une santé si robuste que toute espèce de fatigue lui était inconnue. Naturellement excessif dans ses goûts et ses habitudes comme dans ses sentiments, il haussait les épaules lorsqu'on lui parlait de précautions ou de régime, et l'on pouvait croire, en effet, qu'il n'en avait nul besoin. Cependant le cœur était resté son organe le plus délicat. En 1840, il gagna une fluxion de poitrine à la sortie du bal de l'Opéra. On lui fit beaucoup de mal en abusant des saignées. Une fois sur pied, il n'en devint pas plus prudent et se donna, chaque hiver, quelque rechute. Enfin, au printemps de 1844, il eut une seconde fluxion de poitrine. Bientôt après, il éprouva quelques symptômes d'une affection de l'aorte. On lui prescrivit un régime sévère qu'il ne voulut pas suivre. On lui défendait surtout de veiller. Dans l'introduction de *Silvia*, l'auteur raconte comment lui vint l'envie de traduire ce conte de Boccace. On y voit qu'il tenait en main le *Décaméron* :

> Et de la nuit la lueur azurée,
> Se jouant avec le matin,
> Étincelait sur la tranche dorée
> Du petit livre florentin.

Remarquons, en passant, que tout en faisant de la poésie, il nous donne ainsi sur lui-même quelques détails d'une parfaite exactitude. Son exemplaire du *Décaméron*, imprimé à Florence, était d'un format très petit et doré sur tranche. Le reste n'est pas moins exact. Pour le plaisir de lire Boccace, il avait veillé jusqu'au matin. C'était, depuis l'âge de vingt ans, sa manière de vivre. Cette déplorable habitude contribua plus que ses autres imprudences au développement de la maladie organique dont il portait le germe. Pendant quinze ans, il résista et n'en fut incommodé que par intervalle. Ce qu'il appelait ses veines de sagesse consistait à rester enfermé, privé d'air et d'exercice, plongé dans une série de lectures, ou étudiant jour et nuit les traités du jeu d'échecs de Labourdonnais ou de Walker, jusqu'à ce qu'enfin, le sommeil désorienté ne voulant plus venir à lui, tourmenté par des insomnies ou par une fièvre nerveuse, il se décidait à sortir de sa chambre; et quand nous lui reprochions de jouer ainsi avec sa santé et même avec sa vie, ce méchant garçon nous répondait : « J'ai déjà passé l'âge où il m'aurait plu de mourir. » En 1855, les progrès de sa maladie devinrent plus rapides. Il a encore décrit exactement, dans ses derniers vers, l'affreux symptôme qui ne laissait plus d'espoir de guérison, lorsqu'il a dit :

> Et dès que je veux faire un pas sur terre,
> Je sens tout à coup s'arrêter mon cœur.

Cette sensation de l'arrêt du cœur était le signe certain d'une altération des valvules aortiques; elle lui donna quelques syncopes très douloureuses; et puis les souffrances se calmèrent sans qu'on pût dire pourquoi. Les médecins eux-mêmes ne voyaient pas que la mort dût être prochaine, lorsque dans la nuit du 2 mai 1857, son cœur cessa entièrement de battre. Le malade s'éteignit, croyant s'endormir, plus préoccupé des affaires de son frère que des siennes, et faisant des projets avec lui pour un avenir éloigné.

Alfred de Musset était d'une taille moyenne, élégant dans ses formes, avec des manières de véritable gentilhomme. Il avait une chevelure blonde, naturellement bouclée et très abondante, le teint d'une fraîcheur rare, le nez aquilin, les yeux bleus, le regard ferme, la bouche expressive. Jusqu'à son dernier jour, il eut « le mois de mai sur les joues » comme Fantasio, et parut plus jeune qu'il ne l'était réellement[*]. Dans la conversation, il était ordinairement gai, volontiers rieur; il savait surtout faire causer les autres. Sa parole donnait la vie aux sujets les plus simples; jamais on n'y sentait une ombre de prétention, et souvent on ne s'apercevait de la profondeur de ses pensées qu'en y rêvant après son départ. Avec les femmes, son esprit était inépuisable. Il aimait particulièrement la compagnie des jeunes filles et prenait un plaisir extrême à se mettre à leur portée pour les divertir. Ses dispositions naturelles pour tous les arts étaient telles que, si la poésie n'eût pas été sa vocation la plus impérieuse, il se serait probablement fait connaître de quelque autre manière. Sa famille et ses amis ont conservé des dessins de lui, parmi lesquels on en trouve de très remarquables. En 1842, pendant un mois qu'il passa au château de Lorrey, dans la vallée de l'Eure, chez son excellent ami et cousin Adolphe de Musset, il couvrit de dessins deux albums; ce sont, pour la plupart, des caricatures d'une ressemblance frappante; plusieurs ont été faites de mémoire, avec une hardiesse et une li-

---

[*] Sur le portrait que Charles Landelle a fait de lui, deux ans avant sa mort, on lui donnerait à peine trente ans. Nous recommandons ce beau portrait à l'attention des personnes qui prétendent avoir vu le modèle et qui parlent de son visage *ravagé*.

berté de crayon où l'on reconnaît une organisation de peintre.

Alfred de Musset n'a jamais déserté la poésie, et c'est pourquoi il a pu atteindre sans peur et sans reproche l'âge redoutable

> Où les opinions deviennent un remords.

Il n'a pas été *utilitaire*, mais il a été utile, en apprenant aux hommes à voir clair dans leur âme, en leur disant, dans un langage sublime, ce qu'ils sentent sans pouvoir l'exprimer, en leur procurant ce qu'il y a de plus précieux au monde, les heures d'oubli, de consolation, d'attendrissement ou de bonne humeur.

Le lendemain de sa mort les journaux furent unanimes dans l'expression de leurs regrets. La gloire qu'il avait appelée

> Cette plante tardive amante des tombeaux,

poussa, en effet, sur sa tombe, et avec une telle rapidité, que l'envie se redressa bientôt plus irritée que jamais. Ses ouvrages, son caractère, sa vie privée même, furent attaqués, et cette guerre impie dure encore; mais elle aura une fin. Déjà les efforts des détracteurs ne nuisent plus qu'à eux-mêmes. Un jour viendra où ce ne sera plus faire la cour à personne que d'insulter la mémoire du poète. Un jour viendra où sa vie sera plus connue, racontée plus longuement qu'aujourd'hui et avec plus de détails. Tout le monde alors sera d'accord pour rendre justice à celui qui ne donnera plus d'ombrage à aucune vanité. Alfred de Musset n'a jamais ni fait ni souhaité de mal à personne; il a été bon, généreux, et par-dessus tout sincère; aussi aurait-il pu dire de lui-même ce mot profond qu'il a mis dans la bouche de Perdican : « C'est moi qui ai vécu, et non pas un être factice créé par mon orgueil et mon ennui. »

P. M.

OEUVRES POSTHUMES

OEUVRES POSTHUMES

CHARLES-QUINT

AU MONASTÈRE DE SAINT-JUST

L'empereur vit, un soir, le soleil s'en aller ;
Il courba son front triste et resta sans parler.
Puis, comme il entendit ses horloges de cuivre,
Qu'il venait d'accorder, d'un pied boiteux se suivre,
Il pensa qu'autrefois, sans avoir réussi,
D'accorder les humains il avait pris souci.
« Seigneur, seigneur ! dit-il, qui m'en donna l'envie ?
J'ai traversé la mer onze fois dans ma vie ;
Dix fois les Pays-Bas ; l'Angleterre trois fois ;
Ai-je assez fait la guerre à ce pauvre François !

J'ai vu deux fois l'Afrique et neuf fois l'Allemagne,
Et voici que je meurs sujet du roi d'Espagne!
Eh! que faire à régner? je n'ai plus d'ennemi;
Chacun s'est dans la tombe, à son tour, endormi.
Comme un chien affamé, l'oubli tous les dévore;
Déjà le soir d'un siècle à l'autre sert d'aurore.
Ai-je donc, plus habile à plus longtemps souffrir,
Seul, parmi tant de rois, oublié de mourir?
Ou, dans leurs doigts roidis quand la coupe fut pleine,
Quand le glaive de Dieu pour niveler la plaine,
Décima les grands monts, étais-je donc si bas,
Que l'archange, en passant, alors ne me vit pas?
M'en vais-je donc vieillir à compter mes campagnes,
Comme un pasteur ses bœufs descendant des montagnes,
Pour qu'on lise en mon cœur les leçons du passé,
Comme en un livre pâle et bientôt effacé?
Trop avant dans la nuit s'allonge ma journée.
Dieu sait à quels enfants l'Europe s'est donnée!
Sur quel bras va poser tout ce vieil univers,
Qu'avec ses cent États, avec ses quatre mers,
Je portais dans mon sein et dans ma tête chauve!
Philippe! que saint Just de ses crimes le sauve!
Car du jour qu'héritier de son père, il sentit
Que pour sa grande épée il était trop petit,
N'a-t-il pas échangé le ciel contre la terre,
Contre un bourreau masqué son confesseur austère?
La France!... oh! quel destin, en ses jeux si profond,
Mit la duègne orgueilleuse aux mains d'un roi bouffon,

Qui s'en va, rajustant son pourpoint à sa taille,
Aux oisifs carrousels se peindre une bataille !
Ah ! quand mourut François, quel sage s'est douté
Que du seul Charles-Quint il mourait regretté ?
Avec son dernier cri sonna ma dernière heure.
Où trouver maintenant personne qui me pleure ?
Mon fils me laisse ici m'achever ; car enfin
Qui lui dira si c'est de vieillesse ou de faim ?
Il me donne la mort pour prix de sa naissance !
Mes bienfaits l'ont guéri de sa reconnaissance.
Il s'en vient me pousser lorsque j'ai trébuché. —
C'est bien. — Je vais tomber. — Le soleil s'est couché !
O terre ! reçois-moi ; car je te rends ma cendre !
Je vins nu de ton sein, nu j'y vais redescendre. »

C'est ainsi que parla cet homme au cœur de fer ;
Puis, se voyant dans l'ombre, il eut peur de l'enfer !
« O mon Dieu ! si, cherchant un pardon qui m'efface,
Je trouvais la colère écrite sur ta face,
Comme ce soir, mon œil, cherchant le jour qui fuit,
Dans le ciel dépeuplé ne trouve que la nuit !
Quoi ! pas un rêve, un signe, un mot dit à l'oreille,
Dont l'écho formidable alors ne se réveille !
Non ! — Rien à vous, Seigneur, ne peut être caché.
Kyrie eleison ! car j'ai beaucoup péché ! »

Alors avec des pleurs il disait sa prière,

Les genoux tout tremblants et le front sur la pierre.
Tout à coup il s'arrête, il se lève, et ses yeux
Se clouaient à la terre et sa pensée aux cieux.

Voici que, sur l'autel couvert de draps funèbres,
Les lugubres flambeaux ont rompu les ténèbres,
Et les prêtres debout, comme de noirs cyprès,
S'assemblent, étonnés des sinistres apprêts.
Et les vieux serviteurs disaient : « Qui donc va naître
Ou mourir? » et pourtant priaient sans le connaître ;
Car les sombres clochers s'agitaient à grand bruit,
Et semblaient deux géants qui pleurent dans la nuit.
Tous frappaient leur poitrine et respiraient à peine.
Sous les larmes d'argent le sépulcre d'ébène
S'ouvrait, lit nuptial par la mort apprêté,
Où la vie en ses bras reçoit l'éternité.
Alors un spectre vint, se traînant aux murailles,
Livide, épouvanter les mornes funérailles,
Maigre et les yeux éteints, et son pied, sur le seuil
De granit, chancelait dans les plis d'un linceul.
« Qui d'entre vous, dit-il, me respecte et m'honore ?
(Et sa voix sur l'écho de la voûte sonore
Frappait comme le pas d'un hardi cavalier.)
Qu'il s'en vienne avec moi dormir sous un pilier !
Je m'y couche, et j'attends que m'y suive qui m'aime.
Pour ceux qui m'ont haï, je les suivrai moi-même ;
Ils y sont. — Prions donc pour mes crimes passés ;
Pleurons et récitons l'hymne des trépassés ! »

Il marcha vers sa tombe, et pâlit : « Qui m'arrête?
Dit-il. Ne faut-il pas un cadavre à la fête? »

Et le cercueil cria sous ses membres glacés,
Puis le chœur entonna l'hymne des trépassés.

1829.

VISION

Je vis d'abord sur moi des fantômes étranges
      Traîner de longs habits;
Je ne sais si c'étaient des femmes ou des anges !
Leurs manteaux m'inondaient avec leurs belles franges
      De nacre et de rubis.

Comme on brise une armure au tranchant d'une lame,
      Comme un hardi marin
Brise le golfe bleu qui se fend sous sa rame,
Ainsi leurs robes d'or, en grands sillons de flamme,
      Brisaient la nuit d'airain !

Ils volaient ! — Mon rideau, vieux spectre en sentinelle,
      Les regardait passer.
Dans leurs yeux de velours éclatait leur prunelle;
J'entendais chuchoter les plumes de leur aile,
      Qui venaient me froisser.

VISION.

Ils volaient ! — Mais la troupe, aux lambris suspendue,
    Esprits capricieux,
Bondissait tout à coup, puis, tout à coup perdue,
S'enfonçait dans la nuit, comme une flèche ardue
    Qui s'enfuit dans les cieux !

Ils volaient ! — Je voyais leur noire chevelure,
    Où l'ébène en ruisseaux
Pleurait, me caressser de sa longue frôlure ;
Pendant que d'un baiser je sentais la brûlure
    Jusqu'au fond de mes os.

Dieu tout-puissant ! j'ai vu les sylphides craintives
    Qui meurent au soleil !
J'ai vu les beaux pieds nus des nymphes fugitives !
J'ai vu les seins ardents des dryades rétives,
    Aux cuisses de vermeil !

Rien, non, rien ne valait ce baiser d'ambroisie,
    Plus frais que le matin !
Plus pur que le regard d'un œil d'Andalousie !
Plus doux que le parler d'une femme d'Asie,
    Aux lèvres de satin !

Oh ! qui que vous soyez, sur ma tête abaissées,
    Ombres aux corps flottants !
Laissez, oh ! laissez-moi vous tenir enlacées,
Boire dans vos baisers des amours insensées,
    Goutte à goutte et longtemps !

Oh! venez! nous mettrons dans l'alcôve soyeuse
    Une lampe d'argent.
Venez! la nuit est triste et la lampe joyeuse!
Blonde ou noire, venez; nonchalante ou rieuse,
    Cœur naïf ou changeant!

Venez! nous verserons des roses dans ma couche;
    Car les parfums sont doux!
Et la sultane, au soir, se parfume la bouche
Lorsqu'elle va quitter sa robe et sa babouche
    Pour son lit de bambous!

Hélas! de belles nuits le ciel nous est avare
    Autant que de beaux jours!
Entendez-vous gémir la harpe de Ferrare,
Et sous des doigts divins palpiter la guitare?
    Venez, ô mes amours!

Mais rien ne reste plus que l'ombre froide et nue,
    Où craquent les cloisons.
J'entends des chats hurler, comme un enfant qu'on tue;
Et la lune en croissant découpe, dans la rue,
    Les angles des maisons.

                    1829.

A LA POLOGNE

Jusqu'au jour, ô Pologne! où tu nous montreras
Quelque désastre affreux, comme ceux de la Grèce,
Quelque Missolonghi d'une nouvelle espèce,
Quoi que tu puisses faire, on ne te croira pas.
Battez-vous et mourez, braves gens. — L'heure arrive.
Battez-vous; la pitié de l'Europe est tardive;
Il lui faut des levains qui ne soient point usés.
Battez-vous et mourez, car nous sommes blasés!

1831.

STANCES

Je méditais, courbé sur un volume antique,
Les dogmes de Platon et les lois du Portique.
Je voulus de la vie essayer le fardeau.
Aussi bien, j'étais las des loisirs de l'enfance,
Et j'entrai, sur les pas de la belle espérance,
   Dans ce monde nouveau.

Souvent on m'avait dit : « Que ton âge a de charmes !
Tes yeux, heureux enfant, n'ont point d'amères larmes.
Seule la volupté peut t'arracher des pleurs. »
Et je disais aussi : « Que la jeunesse est belle !
Tout rit à ses regards ; tous les chemins, pour elle,
   Sont parsemés de fleurs ! »

Cependant, comme moi tout brilllants de jeunesse,
Des convives chantaient, pleins d'une douce ivresse ;
Je leur tendis la main, en m'avançant vers eux :
« Amis, n'aurai-je pas une place à la fête ?

Leur dis-je... Et pas un seul ne détourna la tête
      Et ne leva les yeux !

Je m'éloignai pensif, la mort au fond de l'âme.
Alors, à mes regards vint s'offrir une femme.
Je crus que dans ma nuit un ange avait passé.
Et chacun admirait son souris plein de charme ;
Mais il me fit horreur ! car jamais une larme
      Ne l'avait effacé.

« Dieu juste ! m'écriai-je, à ma soif dévorante
Le désert n'offre point de source bienfaisante.
Je suis l'arbre isolé sur un sol malheureux,
Comme en un vaste exil, placé dans la nature ;
Elle n'a pas d'écho pour ma voix qui murmure
      Et se perd dans les cieux.

Quel mortel ne sait pas, dans le sein des orages,
Où reposer sa tête, à l'abri des naufrages ?
Et moi, jouet des flots, seul avec mes douleurs,
Aucun navire ami ne vient frapper ma vue,
Aucun, sur cette mer où ma barque est perdue,
      Ne porte mes couleurs.

O douce illusion ! berce-moi de tes songes ;
Demandant le bonheur à tes riants mensonges,
Je me sauve en tremblant de la réalité ;

Car, pour moi, le printemps n'a pas de doux ombrage ;
Le soleil est sans feux, l'Océan sans rivage,
  Et le jour sans clarté ! »

Ainsi, pour égayer son ennui solitaire,
Quand Dieu jeta le mal et le bien sur la terre,
Moi, je ne pus trouver que ma part de douleur ;
Convive repoussé de la fête publique,
Mes accents troubleraient l'harmonieux cantique
  Des enfants du Seigneur.

Ah ! si je ressemblais à ces hommes de pierre
Qui, cherchant l'ombre amie et fuyant la lumière,
Ont trouvé dans le vice un facile plaisir !...
Ceux-là vivent heureux !... Mais celui qui dans l'âme
Garde quelque lueur d'une plus noble flamme,
  Celui-là doit mourir.

L'ennui, vautour affreux, l'a marqué pour sa proie ;
Il trouve son tourment dans la commune joie ;
Respirant dans le ciel tous les feux de l'enfer,
Le bonheur n'est pour lui qu'un horrible mélange,
Car le miel le plus doux sur ses lèvres se change
  En un breuvage amer.

Jusqu'au jour où d'ennui son âme dévorée
Trouve pour reposer quelque tombe ignorée,

Et retourne au néant, d'où l'homme était venu ;
Comme un poison brûlant, renfermé dans l'argile,
Fermente, et brise enfin le vase trop fragile
  Qui l'avait contenu.

       1835.

A ALFRED TATTET

Non, mon cher, Dieu merci! pour trois mots de critique
Je ne me suis pas fait poète satirique;
Mon silence n'est pas, quoi qu'on puisse en douter,
Une prétention de me faire écouter.
Je puis bien, je le crois, sans crainte et sans envie,
Lorsque je vois tomber la muse évanouie
Au milieu du fatras de nos romans mort-nés,
Lui brûler, en passant, ma plume sous le nez;
Mais censurer les sots, que le ciel m'en préserve !
Quand je m'en sentirais la chaleur et la verve,
Dans ce triste combat dussé-je être vainqueur,
Le dégoût que j'en ai m'en ôterait le cœur.

Novembre 1842.

En 1842, lorsque Alfred de Musset eut publié son *Épitre sur la paresse* et le morceau intitulé : *Après une lecture,* son ami Alfred Tattet lui écrivit pour l'engager à suivre une veine satirique qui venait de lui procurer deux succès brillants. Ces vers sont la réponse du poète à cette lettre.

A MADAME A. T.

Qu'un jeune amour plein de mystère
Pardonne à la vieille amitié
D'avoir troublé son sanctuaire.
D'une belle âme qui m'est chère,
Si j'ai jamais eu la moitié,
Je vous la lègue tout entière.

1843.

Le jour de sa première visite à madame A. T., Alfred de Musset, ne l'ayant pas trouvée chez elle, écrivit ces vers sur sa carte.

DANS

LA PRISON DE LA GARDE NATIONALE

VERS ÉCRITS AU-DESSOUS D'UNE TÊTE DE FEMME
DESSINÉE SUR LE MUR.

Qui que tu sois, je t'en conjure,
Mets ton lit de l'autre côté.
Ne traîne pas ta couverture
Sur le sein déjà maltraité
De cette douce créature.
Un crayon plein d'habileté
Créa son aimable figure,
Qui respire la volupté.
Elle est belle, laisse-la pure.

1843.

SONNET

A MADAME***

Jeune ange aux doux regards, à la douce parole,
Un instant près de vous je suis venu m'asseoir,
Et, — l'orage apaisé, — comme l'oiseau s'envole,
Mon bonheur s'en alla, n'ayant duré qu'un soir.

Et puis, que voulez-vous après qui me console ?
L'éclair laisse, en fuyant, l'horizon triste et noir.
Ne jugez pas ma vie insouciante et folle ;
Car, si j'étais joyeux, qui ne l'est à vous voir ?

Hélas ! je n'oserais vous aimer, même en rêve !
C'est de si bas vers vous que mon regard se lève !
C'est de si haut sur moi que s'inclinent vos yeux !

Allez, soyez heureuse ; oubliez-moi bien vite,
Comme le chérubin oublia le lévite
Qui l'avait vu passer et traverser les cieux !

Ce sonnet a été écrit le 30 juillet 1844. Alfred de Musset avait passé la soirée du 29 près d'une jeune femme qui regardait le feu d'artifice par la même fenêtre que lui. Pour comprendre le sens du troisième vers, il faut savoir que la fête patriotique avait été troublée par une pluie d'orage.

CHANSON

Nous venions de voir le taureau
 Trois garçons, trois fillettes.
Sur la pelouse il faisait beau,
Et nous dansions un boléro
 Au son des castagnettes :
  « Dites-moi, voisin,
  Si j'ai bonne mine,
  Et si ma basquine
  Va bien, ce matin.
Vous me trouvez la taille fine ?...
   Ah ! ah !
Les filles de Cadix aiment assez cela. »

Et nous dansions un boléro,
 Un soir, c'était dimanche.
Vers nous s'en vint un hidalgo
Cousu d'or, la plume au chapeau,
 Et le poing sur la hanche :

« Si tu veux de moi,
Brune au doux sourire,
Tu n'as qu'à le dire,
Cet or est à toi.
— Passez votre chemin, beau sire...
Ah ! ah !
Les filles de Cadix n'entendent pas cela. »

Et nous dansions un boléro,
Au pied de la colline.
Sur le chemin passa Diego,
Qui pour tout bien n'a qu'un manteau
Et qu'une mandoline :
« La belle aux yeux doux,
Veux-tu qu'à l'église
Demain te conduise
Un amant jaloux ?
— Jaloux ! Jaloux ! quelle sottise !
Ah ! ah !
Les filles de Cadix craignent ce défaut-là. »

1844.

CHANSON

Bonjour, Suzon, ma fleur des bois !
Es-tu toujours la plus jolie ?
Je reviens, tel que tu me vois,
D'un grand voyage en Italie.
Du paradis j'ai fait le tour ;
J'ai fait des vers, j'ai fait l'amour.
  Mais que t'importe ? (*Bis.*)
Je passe devant ta maison ;
  Ouvre ta porte.
  Bonjour, Suzon !

Je t'ai vue au temps des lilas.
Ton cœur joyeux venait d'éclore,
Et tu disais : « Je ne veux pas,
Je ne veux pas qu'on m'aime encore. »
Qu'as-tu fait depuis mon départ ?
Qui part trop tôt revient trop tard.

Mais que m'importe ? (*Bis.*)
Je passe devant ta maison ;
Ouvre ta porte.
Bonjour, Suzon !

SUR L'ALBUM DE M{LLE} TAGLIONI

Si vous ne voulez plus danser,
Si vous ne faites que passer
Sur ce grand théâtre si sombre,
Ne courez pas après votre ombre,
    Tâchez de nous la laisser.

1844.

AUX ARTISTES
DU GYMNASE DRAMATIQUE

LE SOIR DE LA PREMIÈRE REPRÉSENTATION
DE BETTINE

Ma pièce est jeune, et je suis vieux,
Enfants, je n'en suis pas la cause.
Vous nous jouerez bien autre chose,
Et tout aussi bien, mais pas mieux.
Ne prenez pas, je vous en prie,
Ces mots pour de la flatterie,
Et mes regrets pour des adieux.

1851.

RONDEAU

A MADAME H. F.

Il est aisé de plaire à qui veut plaire.
D'un ignorant un bavard écouté,
D'un journaliste un rimailleur vanté,
Sans nulle peine y trouvent leur affaire.
Louer un sot, c'est pure charité.

Une Araminte à demi centenaire
Dans son miroir voit un portrait flatté.
De nos bas bleus si l'éloge est à faire,
     Il est aisé.

Mais, s'il faut peindre avec sincérité
L'air simple et bon, la grâce involontaire,
L'esprit facile et la raison sévère,
D'un tel portrait, certe, on ne dira guère :
     Il est aisé.

1853.

LE

SONGE D'AUGUSTE

LE
SONGE D'AUGUSTE

Le palais de l'empereur. — Au fond, un jardin derrière une colonnade.

SCÈNE PREMIÈRE

CHŒUR DE GUERRIERS, CHŒUR DE JEUNES FILLES.

CHŒUR DES JEUNES FILLES.

Guerriers, d'où venez-vous? Pendant ces jours de fête,
    Quel heureux sort vous ramène en ces lieux?
Quelle main triomphante a sur vos nobles têtes
    Posé ces lauriers glorieux?

CHŒUR DES GUERRIERS.

Nous venons de Pharsale et de la Germanie.
Jusqu'aux bornes du monde, et par delà les mers,
    Suivant César et son génie,
Nous avons, en vainqueurs, traversé l'univers.

UN JEUNE SOLDAT.

Amis! et nous aussi nous avons fait la guerre.
Vaillants héros, dont les pas triomphants
Sans lasser la victoire ont parcouru la terre,
Salut! nous sommes vos enfants.

CHŒUR GÉNÉRAL.

Qu'en ce palais notre voix retentisse!

LES GUERRIERS.

Chantez, enfants.

LES JEUNES FILLES.

Chantez, vainqueurs.

CHŒUR.

Et que l'air partout se remplisse
De chants, de lumière et de fleurs.

LES GUERRIERS.

Voici César.

LES JEUNES FILLES.

Voici l'impératrice.

LES GUERRIERS.

Amis, retirons-nous.

LES JEUNES FILLES.

Éloignons-nous, mes sœurs.

CHŒUR, se retirant.

Salut, César!

SCÈNE II

AUGUSTE, LIVIE, OCTAVIE.

AUGUSTE, *répondant au chœur qui sort.*
Salut. — Oui, ma chère Livie,
César a fait ce soir appeler Octavie.
Sur un souci que j'ai, je veux vous consulter.

LIVIE.
Quel souci, cher seigneur, peut vous inquiéter?

AUGUSTE.
Aucun, assurément, quand je vous vois sourire.
Dès que votre cœur bat dans l'air que je respire,
Je braverais les dieux, de mon bonheur jaloux!

LIVIE.
S'il ne faut que mon cœur, seigneur, que craignez-vous?

OCTAVIE.
Est-ce quelque ennemi qui relève la tête,
Quelque nouveau Brutus dont le glaive s'apprête?

AUGUSTE.
Non! aux nouveaux Brutus je n'ajoute plus foi.
Et Rome en est, je pense, aussi lasse que moi.

OCTAVIE.
Est-ce quelque vaincu, quelque roi tributaire
Qui vous désobéit, aux confins de la terre,
Quelque Scythe qui tarde à payer ses impôts?

AUGUSTE.

Le ciel est sans nuage, et le monde en repos.

LIVIE.

Serait-ce par hasard quelque mauvais présage?
Un songe peut agir sur l'esprit le plus sage;
Mais, pour un qui dit vrai, bien d'autres ont menti.

AUGUSTE.

Par un songe souvent les dieux m'ont averti;
Mais le doute où je suis, rien de tel ne l'inspire.
Je ne redoute rien, — mais je pense à l'empire,
A ces Romains que j'aime, et qui m'aiment aussi,
Et ce n'est pas pour moi que j'ai quelque souci.

LIVIE.

Vous vous disiez heureux, seigneur, dès qu'on vous aime.

AUGUSTE.

Puisse de votre front ce léger diadème,
Livie, à tout jamais éloigner tout ennui,
Et que le plaisir seul voltige autour de lui!
Que je sois seul chargé du terrible héritage
Qu'à la mort de César je reçus en partage,
Lorsque sous les poignards le plus grand des humains
Tomba, laissant le monde échapper de ses mains!
Non que de vos conseils et de votre prudence
Je ne veuille au besoin réclamer l'assistance;
De la vulgaire loi votre esprit excepté
Nous montre la sagesse auprès de la beauté.
Je le savais, mon cœur vous en a mieux chérie.
Ma sœur jusqu'à présent fut ma seule Égérie;

Sur vos deux bras charmants maintenant appuyé,
J'aurai deux confidents, l'amour et l'amitié.

LIVIE.

Ils vous seront, seigneur, fidèles et sincères.

AUGUSTE.

Or donc, écoutez-moi, mes belles conseillères :
Revenant d'Actium, quand tout me fut soumis,
Resté dans l'univers seul et sans ennemis,
N'ayant plus qu'à régner, j'eus un jour la pensée,
Voyant de ses tyrans Rome débarrassée,
De lui rendre, après tout, l'état républicain,
Et de briser, vainqueur, trois sceptres dans ma main.
César était vengé ; que m'importait le reste ?
Je crus dans ce projet voir un avis céleste.
Mais, comme en toute chose, avant d'exécuter,
C'est l'humaine raison qu'il nous faut écouter,
J'appelai près de moi, de nos grands politiques,
Les plus accoutumés aux affaires publiques.
D'une et d'autre façon le point fut débattu ;
D'un ni d'autre côté je ne fus convaincu.
Donc, je restai le maître, et suivis ma fortune.
Aujourd'hui j'ai chassé cette idée importune.
Mon trône m'est trop cher pour le vouloir quitter,

A Livie.

Alors qu'auprès de moi vous venez d'y monter.
Mais un tourment nouveau m'afflige et me dévore ;
Ma gloire inassouvie en moi s'éveille encore.
J'ai voulu, j'ai cherché, j'ai conquis le repos.

Et ce bien qu'on m'envie est le plus grand des maux.
Moi qu'on a toujours vu, durant toute ma vie,
Tenir l'oisiveté pour mortelle ennemie,
Il faut que mon bras dorme, et qu'ayant tout vaincu,
Je désapprenne à vivre, à peine ayant vécu.
J'ai cette fois encor, sur ce mal qui m'accable,
Consulté ce que Rome a de considérable.
Les uns m'ont conseillé de réformer les lois,
De fonder, de créer des peuples et des rois,
D'accroître mes trésors, de régner, et d'attendre ;
Les autres, de marcher sur les pas d'Alexandre,
De le surpasser même, et, par delà l'Indus,
D'aller chercher au loin des pays inconnus.
Pas plus que l'autre fois leur facile éloquence
N'a fait dans mon esprit naître la confiance.
Ceux qui veulent la guerre, en croyant me flatter,
M'indiquent des écueils que je dois éviter ;
Ceux qui veulent la paix, par un motif contraire,
Me font trouver plus grand ce que j'hésite à faire.
Voilà ce qui m'a fait ce soir vous appeler,
Ma sœur, et c'est de quoi j'ai voulu vous parler.

OCTAVIE.

Mon frère, quand César, voyant sa foi trompée,
Franchit le Rubicon pour marcher à Pompée;
Plus d'un vaillant guerrier, blanchi dans les combats,
Était à ses côtés, qu'il ne consulta pas.
Comme par l'aquilon ses aigles déchaînées
S'élançaient du sommet des Alpes étonnées,

Et lorsqu'il arriva, son épée à la main,
A peine savait-on qu'il était en chemin.
Lorsqu'on demande avis, qu'on doute, qu'on hésite,
Sur le bien qu'on poursuit, sur le mal qu'on évite,
Est-ce Auguste qui parle? ou par quel changement
Est-ce ainsi, devant lui, qu'on parle impunément?
En vous écoutant dire, ou je me suis méprise,
Ou vous avez au cœur quelque vaste entreprise.
Ce dessein, quel qu'il soit, m'est sans doute inconnu,
Mais l'ennui qui vous tient de là vous est venu.
Depuis quand, dites-moi, le maître de la terre
A-t-il donc condamné sa pensée à se taire?
Devant quelle fortune ou quelle adversité
Le neveu de César a-t-il donc hésité?
Est-ce aux champs de Modène? Est-ce aux murs de Pérouse?
Est-ce quand Marc-Antoine, avec sa noire épouse,
Fuyait épouvanté, par notre aigle abattu,
Ou quand Brutus mourant reniait la vertu?
Quand le jeune César (c'est ainsi qu'on vous nomme)
Autrement qu'en triomphe est-il entré dans Rome?
Pour combattre aujourd'hui vous n'osez en sortir,
A moins que vos rhéteurs n'y daignent consentir!
Que ne demandez-vous le conseil d'un esclave?
Souvenez-vous, seigneur, souvenez-vous, Octave.
N'est-ce rien que ces chants, ces rameaux de laurier,
Un seul nom dans la voix d'un peuple tout entier?
Rappelez-vous ces jours qui furent vos délices,
Les autels tout couverts du sang des sacrifices,

Votre coursier sans tache, et qui ne voulait pas
Fouler aux pieds les fleurs qu'on jetait sous ses pas;
Rappelez-vous surtout, si vous faites la guerre,
Ces trois mots que César nous écrivait naguère :
« Je suis venu, j'ai vu, j'ai vaincu ! »

AUGUSTE.

                     Chère sœur,
En toute occasion j'aime à voir un grand cœur.
J'écoute avec plaisir, dans votre jeune tête,
Le vieil esprit romain respirant la conquête.
Ce coursier, dont les pas vous ont semblé si doux,
Les rois égyptiens me l'ont donné pour vous.
Livie, à votre tour, parlez; que dois-je faire?

LIVIE.

Seigneur, dans ce palais je suis presque étrangère;
A peine aux pieds des dieux j'ai fléchi les genoux;
J'arrive, et dans ces lieux je ne connais que vous.
Rome en ces questions est trop intéressée,
Pour qu'il me soit permis de dire ma pensée...

AUGUSTE.

Quelle est-elle?

LIVIE.

              La paix! J'admire et n'aime pas
Cette gloire qu'on trouve à chercher les combats.
J'en demande pardon et donnerais ma vie
Plutôt que de déplaire à ma sœur Octavie;
Mais l'empereur a fait tout ce qu'on peut oser :
Revenant d'Actium, on peut se reposer.

Je suis femme, seigneur. Aussi bien que personne
Je sens battre mon cœur lorsque le clairon sonne.
Mais César est vengé, c'est vous qui le disiez ;
La tête de Brutus a roulé sous vos pieds.
A qui sut faire tant que reste-t-il à faire ?
La patrie aujourd'hui vous appelle son père ;
Le peuple vous chérit, vous met au rang des dieux,
Et, vivant sur la terre, il vous voit dans les cieux.
Que pourrait un combat, que pourrait une armée,
Pour ajouter encore à votre renommée ?
Que nous apprendrez-vous quand vous serez vainqueur ?
Il ne faut point aller plus loin que le bonheur.
César (nous le savons), marchant sur sa parole,
A franchi le ruisseau qui mène au Capitole ;
Mais de veiller sur lui les dieux s'étaient lassés ;
L'inflexible Destin avait dit : « C'est assez ! »
Du nom que vous portez conservez la mémoire ;
Pensez à l'avenir et respectez l'histoire.
Ne laissez pas de vous un vain rêve approcher ;
Votre gloire est à nous, — vous n'y pouvez toucher.

OCTAVIE.

Jamais, pour qui sait vaincre, il n'est assez de gloire.

LIVIE.

La paix, quand on la veut, c'est encor la victoire.

OCTAVIE.

A la voir trop facile, on peut la dédaigner.

LIVIE.

Oui, sans doute, on le peut, mais il faut la gagner.

OCTAVIE.

Héritier du héros qui lui servit de père,
Le neveu de César doit régner par la guerre.

LIVIE.

Par la guerre ou la paix, il n'importe, ma sœur;
Le neveu de César nous rendra sa grandeur.

AUGUSTE, se levant.

Assez sur ce sujet. Approchez, Octavie,
Et mettez votre main dans celle de Livie.
Bien que vos sentiments soient entre eux différents,
Tous deux ils me sont chers; j'y cède et je m'y rends.

A Octavie.

Si j'ouvre de Janus la porte meurtrière,
Vous m'accompagnerez, vous, ma belle guerrière.

A Livie.

Si j'ai dans les combats encor quelque bonheur,
Vous me consolerez d'avoir été vainqueur.
Vous m'avez rappelé toutes deux à moi-même;
Adieu. Souvenez-vous surtout que je vous aime.

Livie et Octavie sortent.

SCÈNE III

AUGUSTE, seul; puis MÉCÈNE.

AUGUSTE, s'asseyant.

O puissance absolue! ô suprême grandeur!
Êtes-vous du Destin la haine ou la faveur?

On ouvre,—qui vient là?—C'est vous, mon cher Mécène !
Et d'où venez-vous donc, que l'on vous voit à peine ?
D'oublier l'empereur, sans doute à vous permis,
Et le monde et le temps ; mais non pas vos amis.

MÉCÈNE.

César, que Jupiter vous protège et vous aide !
Que l'univers, soumis, à vos volontés cède,
Et que votre fortune, à toute heure, en tout lieu...

AUGUSTE.

Asseyez-vous. — Je sais que je dois être un dieu.
On dit que vos jardins sont un petit Parnasse,
Et que votre falerne a fait les vers d'Horace.
Que dit-il ? que fait-il ?

MÉCÈNE.

Il va toujours rêvant ;
Conduit par son caprice, il marche en le suivant.

AUGUSTE.

Et Virgile ?

MÉCÈNE.

Toujours fidèle à son génie,
Son immortelle voix n'est plus qu'une harmonie,
Et, pour nous dire un mot, sans vouloir dire mieux,
Il ne sait plus parler que la langue des dieux.

AUGUSTE.

Vous les aimez, Mécène ?

MÉCÈNE.

Oui, seigneur, je confesse
Que la muse est pour moi la grande enchanteresse,

Et que tous les bavards, de leur gloire ennemis,
Ne valent pas trois vers écrits par mes amis.

AUGUSTE.

Et c'est assez pour vous de cette poésie ?
Vous habitez l'Olympe et vivez d'ambroisie.
Ah! Mécène est heureux!

MÉCÈNE.

César ne l'est-il pas ?
Quel serpent écrasé s'est dressé sous ses pas ?

AUGUSTE.

Aucun. J'ai, grâce aux dieux, conjuré les tempêtes;
Je tiens pour abattu le monstre aux milles têtes.
Mais je souffre, ce soir, d'une étrange douleur.

MÉCÈNE.

Au comble de la gloire, au comble du bonheur,
Se peut-il?...

AUGUSTE.

Oui, Mécène, et je n'y sais que faire.

MÉCÈNE.

César veut-il permettre un langage sincère ?

AUGUSTE.

Oui.

MÉCÈNE.

Je crains d'employer des termes un peu bas.

AUGUSTE.

Ce sont les beaux discours que l'on n'écoute pas.

MÉCÈNE.

César, prenez la bêche, ou poussez la charrue...

Ce n'est pas un ennui, c'est l'ennui qui vous tue.
Si, comme moi, seigneur, au lever du soleil,
Vous veniez voir aux champs la terre à son réveil,
Si vous alliez cueillir, marchant dans la rosée,
Une fleur qu'avant vous les dieux ont arrosée,
Si vous la rapportiez vous-même à la maison,
Vous n'auriez pas d'ennuis.

AUGUSTE.

    Il a presque raison.

MÉCÈNE.

Si vous pouviez, César, en juger par vous-même,
Et voir combien, partout, vit la beauté suprême,
Combien la moindre fleur, ou son bouton naissant,
A coûté de travail, pour mourir en passant !
Les poètes du jour croient que la poésie,
Sans rien voir ni savoir, naît dans leur fantaisie ;
D'autres, pour la trouver, courent le monde entier ;
Elle est dans un brin d'herbe, au coin de ce sentier,
Dans les amandiers verts que fait blanchir la pluie.
Dans ce fauteuil d'ivoire où votre bras s'appuie.
Partout où le soleil nous verse sa clarté,
Toujours est la grandeur et toujours la beauté.

AUGUSTE.

Les poètes, chez vous, sont en faveur extrême,
Mais on pourrait, parfois, vous en croire un vous-même.
De vos charmants loisirs j'aimerais la douceur ;
Ils sont d'un homme heureux, mais non d'un empereur.
Où prendrais-je le temps de cette nonchalance ?

Alors que vous rêvez, il faut, moi, que je pense,
Mécène, et que j'agisse alors que vous pensez.
Savez-vous bien ma vie ?

MÉCÈNE.

Oui, seigneur, je la sais.
Je sais que votre main, en volonté féconde,
Tient un arc dont la flèche a traversé le monde ;
Et déjà du passé l'éclatant souvenir
Vous fait incessamment regarder l'avenir :
Mais pourquoi l'empereur, m'accusant de faiblesse,
Croit-il mon pauvre toit hanté par la paresse ?
Lorsqu'Horace et Virgile y viennent le matin
Respirer dans mes bois la verveine et le thym,
J'écoute avec transport ces lèvres inspirées
Verser en souriant les paroles dorées.
Mes abeilles gaiement voltigent devant nous ;
Le ciel en est plus pur et l'air en est plus doux.
Depuis quand l'action nuit-elle à la pensée ?
Quand Tyrtée avait pris sa lyre et son épée,
Devant toute une armée il marchait autrefois,
Il chantait, la victoire accourait à sa voix.
Alexandre, vainqueur, pourtant toujours en guerre,
Gardait comme un trésor les vers du vieil Homère,
Et relisait sans cesse, à toute heure, en tous lieux,
Ce poème immortel, dicté par tous les dieux.
Le grand Jules, bravant les hasards du naufrage,
Avec son manuscrit se jetait à la nage,
Et, défendant aux flots d'y toucher en chemin,

Il savait bien quel sceptre il tenait à la main !
Et vous ne voulez pas, César...

AUGUSTE.

Je le répète,
Malgré vous, mon ami, vous n'êtes qu'un poète.
Lorsqu'Horace avec vous parle grec ou latin,
Votre esprit est en fleur comme votre jardin.
Les premiers des héros, Alexandre et mon père,
Ont tous deux, je le sais, aimé les vers d'Homère ;
Mais, lorsque leur grande âme y prit quelque plaisir,
C'est entre deux combats qu'ils trouvaient ce loisir.
Quand mon père lui-même a raconté ses guerres,
C'est au milieu des camps qu'il fit ses Commentaires.
Pour peu qu'on soit soldat, on sent, quand on les lit,
Que le bruit des clairons partout y retentit.
Autre chose, Mécène, est la frivole muse
Dont la grâce vous charme ou l'esprit vous amuse ;
Ce n'est qu'un jeu de mots fait pour l'oisiveté,
Un rêve, et, pour tout dire, une inutilité.

MÉCÈNE.

Que dites-vous, seigneur ? Quoi ! la muse inutile !
Ce n'est qu'un jeu de mots, lorsque chante Virgile,
Tibulle aimé de tous, Horace aimé des dieux !
Quoi ! la muse à ce point est déchue à vos yeux !
Inutile ! Et ses sœurs, César, qu'en diraient-elles ?
Songez-y bien, seigneur, ces vierges immortelles
Se tiennent par la main dans le sacré vallon,
Et comme une guirlande entourent Apollon.

Songez que de tous ceux qui les ont outragées
Ce redoutable dieu les a toujours vengées.
Ses traits assurément n'iraient pas jusqu'à vous;
Gardez-vous toutefois d'exciter son courroux.
Les Muses n'ont qu'une âme et leur cause est commune :
Toutes elles vont fuir, si vous en blessez une;
Et loin de ce palais, fait pour les réunir,
Elles s'envoleront pour ne plus revenir.
Songez qu'elles sont sœurs et qu'elles ont des ailes !

AUGUSTE.

Adieu. — Je prendrai soin de vos sœurs immortelles.
Tâchez que le Parnasse, avant de s'irriter,
Quelquefois avec vous vienne me visiter !

SCÈNE IV

AUGUSTE, seul.

Contraste singulier, dans l'humaine inconstance !
Ce paresseux esprit, si faible en apparence,
Qu'une affaire d'État le vienne réveiller,
Se trouve le plus froid, le meilleur conseiller.
Il s'assoit sur son lit.
Pendant de longues nuits et de longues journées,
Quand du monde incertain flottaient les destinées,
Je l'ai vu regardant par delà l'horizon,
Et, seul de son avis, ayant toujours raison;
Mais qu'Horace en passant le prenne et nous l'enlève,

Voilà que ce grand homme est un enfant qui rêve.
Quel charme surprenant, quel étrange pouvoir
Ces plaisirs de l'esprit peuvent-ils donc avoir,
Pour qu'avec tant de force une âme si bien née
En soit de son chemin tout à coup détournée ?
Pourquoi songe pareil ne m'est-il pas venu ?
Existe-t-il un monde à César inconnu ?

  Il s'endort.

SCÈNE V

AUGUSTE, LES MUSES.

  LES MUSES, chantant.

Oui, César, il existe un monde si sublime,
Que nous et les dieux seuls pouvons en approcher.
Quand le pied d'un mortel en a touché la cime,
Dans nulle route humaine il ne peut plus marcher.

  AUGUSTE, endormi.

Eh ! qui donc êtes-vous ?

  LES MUSES, chantant.

    Les filles de Mémoire.

  CLIO, chantant.

Prends garde à toi ! J'écrirai ton histoire.
Je suis Clio : ta vie est dans ma main.

  Montrant Calliope.

Voilà ma sœur, la muse de la gloire,

Prends garde à toi !... je te suis en chemin !

URANIE, de même.

Je m'appelle Uranie, et ma tête est voilée
    Par l'ordre inflexible des dieux.
Mon empire est la nuit ; mais ma robe étoilée
    Resplendit des clartés des cieux !

POLYMNIE, de même.

Vois-tu, César, vois-tu sortir de terre
Ces temples, ces palais qui naissent à ma voix ?
Vois-tu l'asile obscur, vois-tu l'humble chaumière
    Devenir des palais de rois ?

EUTERPE, de même.

Je ne suis pas la muse de la gloire ;
    Je suis la muse aux doigts dorés.
Je chante, et l'univers conserve la mémoire
    Des héros par moi consacrés.

CHŒUR DES MUSES.

Oui, César, il existe un monde si sublime,
Que nous et les dieux seuls pouvons en approcher.
Quand le pied d'un mortel en a touché la cime,
Dans nulle route humaine il ne peut plus marcher.

AUGUSTE, se levant.

Arrêtez !...

Les Muses s'arrêtent.

    Si, du haut des sphères éternelles,
  Jupiter vous envoie ainsi,

De par César, malgré vos ailes,
Filles des dieux, vous resterez ici...

En conquérant j'ai traversé la terre,
  Pareil au lion irrité.
  Si j'ai marché dans ma colère,
  Je veux m'asseoir dans ma fierté.

A Clio.

Toi qui des morts recueilles l'héritage,
  Puisque tu me suis en chemin,
  Je veux te laisser une page
Comme jamais n'en a tracé ta main.

A Uranie.

Toi, dont le front resplendit sous ce voile,
  Fille des nuits, lève les yeux.
  Regarde briller mon étoile;
  Je vais l'arrêter dans les cieux.

A Polymnie.

  Qu'ils sortent donc de la poussière,
  Ces palais élevés par toi.
J'ai reçu des Romains une ville de pierre,
  Quelle soit de marbre après moi !

Aux autres Muses.

  Vous toutes, filles de Mémoire,
  Qui dès longtemps me connaissez;

Muses, chantez de nouveaux jours de gloire,
Plus grands que ceux que nous avons passés.

CHŒUR FINAL.

Mes sœurs, chantons de nouveaux jours de gloire,
Plus grands que ceux que nous avons passés.

1853.

STANCES

SUR LE COSTUME *POMPADOUR* DE MISS***

Voltaire, ombre auguste et suprême !
Roi des madrigaux à la crème,
Du vermillon et des paniers !
Assis aux pieds de ta statue,
Je me disais : « Qu'est devenue
Cette perruque à trois lauriers ?

O Corisandres ! me disais-je,
Mouches que, sur un sein de neige,
L'abbé posait du bout du doigt !
Bonnes marquises, nos aïeules,
Qui, sans être par trop bégueules,
Rendiez à Dieu ce qu'on lui doit !

Et vous, héros frappés du foudre,
Hélas ! — Et deux règnes de poudre,

En un demi-siècle effacés!... »
Quand l'autre soir, dans une fête,
Mon regard tout à coup s'arrête
Sur un minois des temps passés!

Mais ce n'était point, ô Voltaire!
Une mouche de douairière
Qui ravive un œil défaillant!
C'était la plus discrète mouche
Qui pût effleurer une bouche
Plus rose que le lis n'est blanc.

Fine mouche, comme on peut croire,
Qui, pour poser son aile noire,
Entre les roses du jardin,
Avait choisi, comme l'abeille,
La plus fraîche et la plus vermeille
De toutes celles du matin.

Reste donc, mouche bienheureuse.
Si cette abeille voyageuse,
Qui, volant jadis, nous dit-on,
Entre les bosquets de la Grèce,
Vint chatouiller la lèvre épaisse
Du grand philosophe Platon,

Eût trouvé, dans l'ombre mi-close,
Cette fleur aux feuilles de rose,

Qu'eût-elle fait que s'arrêter
Sur cette perle d'Angleterre,
Lèvres que le ciel n'a pu faire
Que pour sourire ou pour chanter?

JEANNE D'ARC

RÉCITATIF.

Je cherche en vain le repos qui me fuit.
Mon cœur est plein des douleurs de la France.
Jusqu'en ces lieux déserts, dans l'ombre et le silence,
De la patrie en deuil le malheur me poursuit.

CHANT.

Sombre forêt, retraite solitaire,
Muets témoins de mes secrets ennuis,
A mes regards, de mon pauvre pays
Cachez du moins la honte et la misère.
Tristes rameaux, si nous sommes vaincus,
    Cachez le toit de mon vieux père ;
Peut-être, hélas ! je ne le verrai plus !

RÉCITATIF.

Tout repose dans la vallée.
Le rossignol chante sous la feuillée
    La mélancolie et l'amour.

Déjà l'aurore éveille la nature ;
 Déjà brille sur la verdure
 La douce clarté d'un beau jour.
 Quel est ce bruit dans la campagne ?
Le clairon sonne au pied de nos remparts !
De l'étranger je vois les étendards,
 Flotter au loin sur la montagne.

CHANT.

 Nous avez-vous abandonnés,
 Anges gardiens de la patrie ?
 Plaignez-nous si Dieu nous oublie ;
 S'il se souvient de nous, venez !
 J'ai cru sentir trembler la terre.
 J'ai cru que le ciel répondait,
 Et, dans un rayon de lumière,
Du fond des bois une voix m'appelait.
 Ce n'est pas une voix humaine :
Il m'a semblé qu'elle venait des cieux.
 Mère du Christ, est-ce la tienne ?
As-tu pitié des pleurs qui coulent de mes yeux ?
 Oui, l'Esprit-Saint m'éclaire !
 Je sens d'un Dieu vengeur
 La force et la colère
 Descendre dans mon cœur.
 — En guerre !

Date incertaine.

IMPROMPTU

Dieu l'a voulu, nous cherchons le plaisir.
    Tout vrai regard est un désir ;
Mais le désir n'est rien si l'on n'espère ;
    Et d'espérer c'est une affaire.
C'est pourquoi nous devons aimer l'illusion.
Béni soit le premier qui sut trouver un nom
      A la demi-folie,
      A ce rêve enchanté
    Qui ne prend de la vérité
Que ce qu'il faut pour faire aimer la vie !

A MADAME ***

IMPROMPTU

Ne me parlez jamais d'une vieille amitié,
Dans vos cheveux dorés quand le printemps se joue,
Lui, qui vous a laissé, — lui, si vite oublié!—
Sa fraîcheur dans l'esprit, et sa fleur sur la joue !

AU BAS D'UN PORTRAIT

DE MADEMOISELLE AUGUSTINE BROHAN

J'ai vu ton sourire et tes larmes,
J'ai vu ton cœur triste et joyeux :
Qui des deux a le plus de charmes ?
Dis-moi ce que j'aime le mieux :
Les perles de ta bouche ou celles de tes yeux ?

RÊVERIE

Quand le paysan sème, et qu'il creuse la terre,
Il ne voit que son grain, ses bœufs et son sillon.
— La nature en silence accomplit le mystère, —
Couché sur sa charrue, il attend sa moisson.

Quand sa femme, en rentrant le soir à sa chaumière,
Lui dit : « Je suis enceinte, » — il attend son enfant.
Quand il voit que la mort va saisir son vieux père,
Il s'assoit sur le pied de la couche, et l'attend.

Que savons-nous de plus ?... et la sagesse humaine,
Qu'a-t-elle découvert de plus dans son domaine ?
Sur ce large univers elle a, dit-on, marché ;
Et voilà cinq mille ans qu'elle a toujours cherché !

RETOUR

Heureux le voyageur que sa ville chérie
Voit rentrer dans le port, aux premiers feux du jour !
Qui salue à la fois le ciel et la patrie,
La vie et le bonheur, le soleil et l'amour !

— Regardez, compagnons, un navire s'avance.
La mer, qui l'emporta, le rapporte en cadence,
En écumant sous lui, comme un hardi coursier,
Qui, tout en se cabrant, sent son vieux cavalier.

Salut ! qui que tu sois, toi dont la blanche voile
De ce large horizon accourt en palpitant !
Heureux ! quand tu reviens, si ton errante étoile
T'a fait aimer la rive ! heureux si l'on t'attend !

D'où viens-tu, beau navire ? à quel lointain rivage,
Léviathan superbe, as-tu lavé tes flancs ?
Es-tu blessé, guerrier ? Viens-tu d'un long voyage ?
C'est une chose à voir, quand tout un équipage,

Monté jeune à la mer, revient en cheveux blancs.
Es-tu riche? viens-tu de l'Inde ou du Mexique?
Ta quille est-elle lourde, ou si les vents du nord
T'ont pris, pour ta rançon, le poids de ton trésor?
As-tu bravé la foudre et passé le tropique?
T'es-tu, pendant deux ans, promené sur la mort,
Couvrant d'un œil hagard ta boussole tremblante,
Pour qu'une Européenne, une pâle indolente,
Puisse embaumer son bain des parfums du sérail
Et froisser dans la valse un collier de corail?

Comme le cœur bondit quand la terre natale,
Au moment du retour, commence à s'approcher,
Et du vaste Océan sort avec son clocher!
Et quel tourment divin dans ce court intervalle,
Où l'on sent qu'elle arrive et qu'on va la toucher!

O patrie! ô patrie! ineffable mystère!
Mot sublime et terrible! inconcevable amour!
L'homme n'est-il donc né que pour un coin de terre,
Pour y bâtir son nid, et pour y vivre un jour?

Le Havre, septembre 1855.

PROMENADE

Dans ces bois qu'un nuage dore,
Que l'ombre est lente à s'endormir !
Ce n'est pas le soir, c'est l'aurore,
Qui gaîment nous semble s'enfuir ;
Car nous savons qu'elle va revenir. —
Ainsi, laissant l'espoir éclore,
Meurt doucement le souvenir.

1856.

DERNIERS VERS D'ALFRED DE MUSSET

L'heure de ma mort, depuis dix-huit mois,
De tous les côtés sonne à mes oreilles.
Depuis dix-huit mois d'ennuis et de veilles
Partout je la sens, partout je la vois.

Plus je me débats contre ma misère,
Plus s'éveille en moi l'instinct du malheur ;
Et, dès que je veux faire un pas sur terre,
Je sens tout à coup s'arrêter mon cœur.

Ma force à lutter s'use et se prodigue.
Jusqu'à mon repos, tout est un combat ;
Et, comme un coursier brisé de fatigue,
Mon courage éteint chancelle et s'abat.

1857.

UN SOUPER

CHEZ MADEMOISELLE RACHEL

1839

Dessin de B.d. — Gravé par Beauner

UN SOUPER CHEZ MLLE RACHEL.

UN SOUPER

CHEZ MADEMOISELLE RACHEL

A MADAME ***

Merci d'abord, madame et chère marraine, pour la lettre que vous me communiquez de l'aimable *Paolita*[*]. Cette lettre est bien remarquable et bien gentille; mais que dirai-je de vous, qui ne manquez jamais une occasion d'envoyer un peu de joie à ceux qui vous aiment? Vous êtes la seule créature humaine que je connaisse faite ainsi.

Un bienfait n'est jamais perdu : en réponse à votre lettre de Desdémone, je veux vous servir *un souper chez mademoiselle Rachel*, qui vous amusera, si nous sommes toujours du même avis, et si vous partagez encore mon admiration pour cette sublime fille. Ma

---

[*] Mademoiselle Pauline Garcia.

petite scène sera pour vous seule, d'abord parce que la *noble enfant* déteste les indiscrétions, et ensuite parce qu'on a fait, depuis que je vais quelquefois chez elle, tant de sots propos et de bavardages, que j'ai pris le parti de ne pas même dire que je l'ai vue au Théâtre-Français.

On avait joué *Tancrède* ce soir, et j'étais allé dans l'entr'acte lui faire compliment sur son costume, qui était charmant. Au cinquième acte, elle avait lu sa lettre avec un accent plus touchant, plus profond que jamais ; elle-même m'a dit qu'en ce moment elle avait pleuré et s'était sentie émue à tel point, qu'elle avait craint d'être forcée de s'arrêter. A dix heures, au sortir du théâtre*, le hasard m'a fait la rencontrer sous les galeries du Palais-Royal, donnant le bras à Félix Bonnaire, et suivie d'un escadron de *jeunesses*, parmi lesquelles mademoiselle Rabut, mademoiselle Dubois, du Conservatoire, etc. Je la salue ; elle me répond : « Je vous emmène souper. »

Nous voilà donc arrivés chez elle**. Bonnaire s'éclipse, triste et fâché de la rencontre ; Rachel sourit de ce piteux départ. Nous entrons ; nous nous asseyons, les amis de ces demoiselles chacun à côté de sa chacune, et moi à côté de la chère *Fanfan*. Après quelques propos insignifiants, Rachel s'aperçoit qu'elle a

---

* La tragédie commençait à huit heures et ne durait guère qu'une heure et demie.

** Mademoiselle Rachel demeurait alors passage Véro-Dodat.

oublié au théâtre ses bagues et ses bracelets; elle envoie sa *bonne* les chercher. — Plus de servante pour faire le souper! Mais Rachel se lève, va se déshabiller et passe à la cuisine. Un quart d'heure après, elle rentre en robe de chambre et en bonnet de nuit, un foulard sur l'oreille, jolie comme un ange, tenant à la main une assiette dans laquelle sont trois biftecks qu'elle a fait cuire elle-même. — Elle pose l'assiette au milieu de la table, en nous disant : « Régalez-vous; » puis elle retourne à la cuisine, et revient tenant d'une main une soupière pleine de bouillon fumant et de l'autre une casserole où sont des épinards. — Voilà le souper! — Point d'assiettes ni de cuillers, la *bonne* ayant emporté les clefs. Rachel ouvre le buffet, trouve un saladier plein de salade, prend la fourchette de bois, déterre une assiette et se met à manger seule.

« Mais, dit la maman, qui a faim, il y a des couverts d'étain à la cuisine. »

Rachel va les chercher, les apporte et les distribue aux convives. Ici commence le dialogue suivant, auquel vous allez bien reconnaître que je ne change rien.

LA MÈRE.

Ma chère, tes biftecks sont trop cuits.

RACHEL.

C'est vrai; ils sont durs comme du bois. Dans le temps où je faisais notre ménage, j'étais meilleure cuisinière que cela. C'est un talent de moins. Que voulez-vous ! j'ai perdu d'un côté, mais j'ai gagné de l'autre. — Tu ne manges pas, Sarah ?

SARAH.

Non ; je ne mange pas avec des couverts d'étain.

RACHEL.

Oh ! c'est donc depuis que j'ai acheté une douzaine de couverts d'argent avec mes économies, que tu ne peux plus toucher à de l'étain ? Si je deviens plus riche, il te faudra bientôt un domestique derrière ta chaise et un autre devant.

Montrant sa fourchette.

Je ne chasserai jamais ces vieux couverts-là de notre maison. Ils nous ont trop longtemps servi. N'est-ce pas, maman ?

LA MÈRE, la bouche pleine.

Est-elle enfant !

RACHEL, s'adressant à moi.

Figurez-vous que, lorsque je jouais au théâtre Molière, je n'avais que deux paires de bas, et que tous les matins...

Ici la sœur Sarah se met à baragouiner de l'allemand pour empêcher sa sœur de continuer.

RACHEL, continuant.

Pas d'allemand ici ! — Il n'y a pas de honte. — Je n'avais donc que deux paires de bas, et, pour jouer le soir, j'étais obligée d'en laver une paire tous les matins. Elle était dans ma chambre, à cheval sur une ficelle, tandis que je portais l'autre.

MOI.

Et vous faisiez le ménage?

RACHEL.

Je me levais à six heures tous les jours, et à huit heures tous les lits étaient faits. J'allais ensuite à la halle pour acheter le dîner.

MOI.

Et faisiez-vous danser l'anse du panier?

RACHEL.

Non. J'étais une très honnête cuisinière; n'est-ce pas, maman?

LA MÈRE, tout en mangeant.

Oh! ça, c'est vrai.

RACHEL.

Une fois seulement, j'ai été voleuse pendant un mois. Quand j'avais acheté pour quatre sous, j'en comptais cinq, et, quand j'avais payé dix sous, j'en comptais douze. Au bout du mois, je me suis trouvée à la tête de trois francs.

MOI, sévèrement.

Et qu'avez-vous fait de ces trois francs, mademoiselle?

LA MÈRE, voyant que Rachel se tait.

Monsieur, elle s'est acheté les œuvres de Molière avec.

MOI.

Vraiment!

RACHEL.

Ma foi, oui. J'avais déjà un Corneille et un Racine;

il me fallait bien un Molière, je l'ai acheté avec mes trois francs, et puis j'ai confessé mes crimes. — Pourquoi donc mademoiselle Rabut s'en va-t-elle? Bonsoir, mademoiselle.

Les trois quarts des ennuyeux, s'ennuyant, font comme mademoiselle Rabut. La servante revient, apportant les bagues et les bracelets oubliés. On les met sur la table; les deux bracelets sont magnifiques : ils valent bien quatre ou cinq mille francs. Ils sont accompagnés d'une couronne en or et du plus grand prix. Tout cela carambole sur la table avec la salade, les épinards et les cuillers d'étain. Pendant ce temps, frappé de l'idée du ménage, de la cuisine, des lits à faire et des fatigues de la vie nécessiteuse, je regarde les mains de Rachel, craignant quelque peu de les trouver laides ou gâtées. Elles sont mignonnes, blanches, potelées et effilées comme des fuseaux. — Ce sont de vraies mains de princesse.

Sarah, qui ne mange pas, continue de gronder en allemand. — Il est bon de savoir qu'elle avait fait, le matin, je ne sais quelle escapade, un peu trop loin de l'aile maternelle, et qu'elle n'avait obtenu son pardon et sa place à table qu'à la prière répétée de sa sœur.

RACHEL, *répondant aux grogneries allemandes.*

Tu m'ennuies. Je veux raconter ma jeunesse, moi. Je me souviens qu'un jour je voulais faire du punch dans une de ces cuillers d'étain.

J'ai mis ma cuiller sur la chandelle, et elle m'a fondu dans la main. A propos, Sophie! donne-moi du kirsch. Nous allons faire du punch. Ouf! c'est fini; j'ai soupé.

La cuisinière apporte une bouteille.

LA MÈRE.

Sophie s'est trompée. C'est une bouteille d'absinthe.

MOI.

Donnez-m'en un peu.

RACHEL.

Oh! que je serai contente si vous prenez quelque chose chez nous!

LA MÈRE.

On dit que c'est très sain, l'absinthe.

MOI.

Pas du tout. C'est malsain et détestable.

SARAH.

Alors pourquoi en demandez-vous?

MOI.

Pour pouvoir dire que j'ai pris quelque chose ici.

RACHEL.

Je veux en boire.

Elle verse de l'absinthe dans un verre d'eau et boit. On lui apporte un bol d'argent, où elle met du sucre et du kirsch; après quoi elle allume son punch et le fait flamber.

RACHEL.

J'aime cette flamme bleue.

MOI.

C'est bien plus joli quand on est sans lumière.

RACHEL.

Sophie, emportez les chandelles.

LA MÈRE.

Du tout, du tout! Quelle idée! par exemple!

RACHEL.

C'est insupportable!... Pardon, chère maman; tu es bonne, tu es charmante;

<small>Elle l'embrasse.</small>

mais je désire que Sophie emporte les chandelles.

Un monsieur quelconque prend les deux chandelles et les met sous la table. — Effet de crépuscule. — La maman, tour à tour verte et bleue, à la lueur du punch, braque ses yeux sur moi et observe tous mes mouvements. — Les chandelles reparaissent.

UN FLATTEUR.

Mademoiselle Rabut n'était pas belle ce soir.

MOI.

Vous êtes difficile; je la trouve assez jolie.

UN AUTRE FLATTEUR.

Elle n'a pas d'intelligence.

RACHEL.

Pourquoi dites-vous cela? Elle n'est pas si sotte que

beaucoup d'autres, et, de plus, c'est une bonne fille. Laissez-la tranquille. Je ne veux pas qu'on parle ainsi de mes camarades.

Le punch est fait. Rachel remplit les verres et en distribue à tout le monde ; elle verse ensuite le reste du punch dans une assiette creuse, et se met à boire avec une cuiller ; puis elle prend ma canne, tire le poignard qui est dedans et se cure les dents avec la pointe. — Ici finissent le verbiage vulgaire et les propos d'enfant. Un mot va suffire pour changer tout le caractère de la scène et pour faire paraître dans ce tableau la poésie et l'instinct des arts.

MOI.

Comme vous avez lu cette lettre, ce soir ! Vous étiez bien émue.

RACHEL.

Oui ; il m'a semblé sentir en moi comme si quelque chose allait se briser... Mais c'est égal : je n'aime pas beaucoup cette pièce-là (*Tancrède*). C'est faux.

MOI

Vous préférez les pièces de Corneille et de Racine ?

RACHEL.

J'aime bien Corneille ; et cependant il est quelquefois trivial, quelquefois ampoulé. — Tout cela n'est pas encore la vérité.

MOI.

Oh! doucement, mademoiselle.

RACHEL.

Voyons : lorsque dans *Horace*, par exemple, Sabine dit :
On peut changer d'amant, mais non changer d'époux,
eh bien, je n'aime pas cela. C'est grossier.

MOI.

Vous avouerez, du moins, que cela est vrai.

RACHEL.

Oui ; mais est-ce digne de Corneille ? Parlez-moi de Racine ! Celui-là, je l'adore. Tout ce qu'il a dit est si beau, si vrai, si noble !

MOI.

A propos de Racine, vous souvenez-vous d'avoir reçu, il y a quelque temps, une lettre anonyme qui vous donnait un avis sur la dernière scène de *Mithridate?*

RACHEL.

Parfaitement ; j'ai suivi le conseil qu'on me donnait, et depuis ce temps-là je suis toujours applaudie à cette scène. Est-ce que vous connaissez cette personne qui m'a écrit ?

MOI.

Beaucoup ; c'est la femme de tout Paris qui a le plus grand esprit et le plus petit pied. — Quel rôle étudiez-vous maintenant ?

RACHEL.

Nous allons jouer, cet été, *Marie Stuart*; et puis *Polyeucte*; et peut-être...

MOI.

Eh bien?

RACHEL, frappant du poing sur la table.

Eh bien, je veux jouer *Phèdre*. On me dit que je suis trop jeune, que je suis trop maigre, et cent autres sottises. Moi, je réponds : C'est le plus beau rôle de Racine; je prétends le jouer.

SARAH.

Ma chère, tu as peut-être tort.

RACHEL.

Laisse-moi donc! Si on trouve que je suis trop jeune et que le rôle n'est pas convenable, parbleu! j'en ai dit bien d'autres en jouant Roxane; et qu'est-ce que cela me fait? Si on trouve que je suis trop maigre, je soutiens que c'est une bêtise. Une femme qui a un amour infâme, mais qui se meurt plutôt que de s'y livrer; une femme qui a séché dans les feux, dans les larmes, cette femme-là ne peut pas avoir une poitrine comme celle de madame Paradol. Ce serait un contre-sens. J'ai lu le rôle dix fois, depuis huit jours; je ne sais pas comment je le jouerai, mais je vous dis que je le sens. Les journaux ont beau faire; ils ne m'en dégoûteront pas. Ils ne savent quoi inventer pour me nuire, au lieu de m'aider et de m'encourager; mais je jouerai, s'il le faut, pour quatre personnes.

<small>Se tournant vers moi.</small>

Oui! j'ai lu certains articles pleins de franchise, de conscience, et je ne connais rien de meilleur, de plus utile; mais il y a tant de gens qui se servent de leur plume pour mentir, pour détruire! ceux-là sont pires que des voleurs ou des assassins. Ils tuent l'esprit à coups d'épingle! oh! il me semble que je les empoisonnerais!

LA MÈRE.

Ma chère, tu ne fais que parler; tu te fatigues. Ce matin, tu étais debout à six heures; je ne sais ce que tu avais dans les jambes. Tu as bavardé toute la journée, et encore, tu viens de jouer ce soir : tu te rendras malade.

RACHEL, avec vivacité.

Non; laisse-moi. Je te dis que non! cela me fait vivre.

<small>En se tournant de mon côté.</small>

Voulez-vous que j'aille chercher le livre? Nous lirons la pièce ensemble.

MOI.

Si je le veux!... Vous ne pouvez rien me proposer de plus agréable.

SARAH.

Mais, ma chère, il est onze heures et demie.

RACHEL.

Eh bien, qui t'empêche d'aller te coucher?

Sarah va, en effet, se coucher. Rachel se lève et sort; au bout d'un instant, elle revient tenant dans ses mains le volume de Racine; son air et sa démarche ont je ne sais quoi de solennel et de religieux; on dirait un officiant qui se rend à l'autel, portant les ustensiles sacrés. Elle s'assoit près de moi, et mouche la chandelle. La maman s'assoupit en souriant.

RACHEL, ouvrant le livre avec un respect singulier
et s'inclinant dessus.

Comme j'aime cet homme-là! Quand je mets le nez dans ce livre, j'y resterais pendant deux jours, sans boire ni manger!

Rachel et moi, nous commençons à lire *Phèdre*, le livre posé sur la table entre nous deux. Tout le monde s'en va. Rachel salue d'un léger signe de tête chaque personne qui sort, et continue la lecture. D'abord, elle récite d'un ton monotone, comme une litanie. Peu à peu, elle s'anime. Nous échangeons nos remarques, nos idées sur chaque passage. Elle arrive enfin à la déclaration. Elle étend alors son bras droit sur la table; le front posé sur la main gauche, appuyée sur son coude, elle s'abandonne entièrement. Cependant elle ne parle encore qu'à demi-voix. Tout à coup ses yeux étincellent, — le génie de Racine éclaire son visage;

elle pâlit, elle rougit. Jamais je ne vis rien de si beau, de si intéressant ; jamais, au théâtre, elle n'a produit sur moi tant d'effet.

La fatigue, un peu d'enrouement, le punch, l'heure avancée, une animation presque fiévreuse sur ces petites joues entourées d'un bonnet de nuit, je ne sais quel charme inouï répandu dans tout son être, ces yeux brillants qui me consultent, un sourire enfantin qui trouve moyen de se glisser au milieu de tout cela ; enfin, jusqu'à cette table en désordre, cette chandelle dont la flamme tremblote, cette mère assoupie près de nous, tout cela compose à la fois un tableau digne de Rembrandt, un chapitre de roman digne de Wilhelm Meister, et un souvenir de la vie d'artiste qui ne s'effacera jamais de ma mémoire.

Nous arrivons ainsi à minuit et demi. Le père rentre de l'Opéra, où il vient de voir mademoiselle Nathan débuter dans la *Juive*. A peine assis, il adresse à sa fille deux ou trois paroles des plus brutales pour lui ordonner de cesser sa lecture. Rachel ferme le livre en disant : « C'est révoltant ! j'achèterai un briquet, et je lirai seule dans mon lit. » Je la regardai : de grosses larmes roulaient dans ses yeux.

C'était une chose révoltante, en effet, que de voir traiter ainsi une pareille créature ! Je me suis levé, et je suis parti plein d'admiration, de respect et d'attendrissement.

Et, en rentrant chez moi, je m'empresse de vous

écrire, avec la fidélité d'un sténographe, tous les détails de cette étrange soirée, pensant que vous les conserverez, et qu'un jour on les retrouvera.

Le poète ne se trompait pas dans ses prévisions : ce document précieux a été soigneusement conservé. Quoique la lettre ne porte point de date et que l'enveloppe en ait été perdue, cette date se trouve indiquée par une des circonstances du récit. Mademoiselle Nathan ayant débuté à l'Opéra, dans la *Juive*, le 29 mai 1839, et le Théâtre-Français ayant joué *Tancrède* le même soir, il est évident que la relation du souper a été écrite dans la nuit du 29 au 30 mai. Les divers organes de la critique n'étaient pas encore unanimes sur le mérite de la jeune tragédienne. Comme cela n'arrive que trop souvent, le goût public avait devancé ceux qui prétendaient le diriger. Deux mois avant la scène qu'on vient de lire, — le mercredi 27 mars 1839, — mademoiselle Rachel, jouant le rôle de Roxane, avait été deux fois interrompue par les sifflets. L'envie était exaspérée. Malgré la prompte justice du public, cette soirée orageuse avait laissé à l'artiste un souvenir douloureux. Alfred de Musset venait de publier récemment deux dissertations de l'ordre le plus élevé, l'une sur la recrudescence de la tragédie, l'autre sur la pièce de *Bajazet*. C'est à ces deux articles et aux attaques de ses détracteurs que mademoiselle Rachel fait allusion dans son accès de naïve colère contre les journaux.

A la suite du souper, des rapports réguliers et fréquents s'établirent entre le poète et la jeune tragédienne. Alfred de Musset prit l'engagement d'écrire une tragédie en cinq actes pour mademoiselle Rachel, et il en voulut chercher le sujet dans ces récits des temps mérovingiens où l'érudition d'Augustin Thierry venait de jeter une lumière toute nouvelle. Ce n'est point par hasard que son esprit se fixa sur les intrigues de Frédégonde à la cour de Chilpéric. On retrouve dans la servante ambitieuse du roi de Neustrie le personnage principal du tableau de la vie d'artiste et du chapitre de *Wilhelm Meister*, dont l'image s'était gravée si profondément dans l'imagination du poète. Le fragment de tragédie de la *Servante du roi*, écrit en juillet 1839, se rattache évidemment à l'épisode pittoresque du souper. Le rapprochement des dates, le choix du sujet, le titre de l'ouvrage, tout s'accorde pour démontrer la corrélation d'idées qui existe entre ces deux morceaux, malgré les disparates énormes de l'exécution, malgré la distance qui sépare un calque fidèle et la réalité d'avec une œuvre d'art du genre le plus sévère. Ces rencontres se présentent souvent dans la vie des grands maîtres : c'est ainsi que Léonard de Vinci puisa quelquefois dans les dessins capricieux d'une table de marbre les sujets de vastes compositions.

Le plan de la *Servante du roi* n'a pas été écrit; mais Grégoire de Tours, Augustin Thierry et Sismondi en contiennent la substance. Selon toute probabilité, on voyait, dans les trois premiers actes, Frédégonde s'introduisant dans la maison d'Audovère, première femme de Chilpéric, gagnant par sa coquetterie et sa fausse modestie les bonnes grâces et le cœur du roi, réussissant à force d'intrigues à faire répudier la reine, se croyant près de saisir la couronne; puis, trompée dans ses espérances par le second mariage de Chilpéric avec Galsuinde, cédant à l'amour du roi, devenant la maîtresse avouée de ce prince faible, et abreuvant la nouvelle reine de dégoûts et d'humiliations. Au commencement du quatrième acte, Galsuinde a résolu de quitter furtivement la cour et de retourner chez son père. Frédégonde, informée de ce projet d'évasion, délibère pour savoir si elle doit laisser fuir la reine, ou si elle a plus d'intérêt à la faire mourir. Tel est le sujet de la scène suivante.

LA SERVANTE DU ROI

ACTE QUATRIÈME

SCÈNE PREMIÈRE
LANDRY, FRÉDÉGONDE.

FRÉDÉGONDE.

Elle veut s'échapper ?

LANDRY.

Sitôt la nuit venue.
Dans une heure peut-être...

FRÉDÉGONDE.

Il suffit; laisse-moi,
Et garde-toi surtout de rien apprendre au roi.

SCÈNE II

FRÉDÉGONDE, seule.

Elle veut s'échapper! cette nuit, dans une heure...
Faut-il qu'elle s'éloigne, ou faut-il qu'elle meure?

Pensons-y; le temps presse, et je n'ai qu'un instant.
L'occasion m'appelle, et le hasard m'attend.
De cette trahison que faut-il que je fasse?
Galsuinde a ses raisons pour me céder la place.
L'heure en était venue, elle l'a bien compris;
Elle a peur, l'Espagnole, et se sauve à tout prix.
Dès demain, si je veux, cette fuite soudaine
De ce palais désert me laisse souveraine;
Ces portiques, ces murs, ces plaines sont à moi;
Ce soir, j'y reste seule avec l'ombre d'un roi.
Que fera ma rivale? Elle court en Espagne;
Jusques à la frontière un vieillard l'accompagne;
La honte la précède, et le mépris la suit;
On la croira chassée, en voyant qu'elle fuit.
Que peut-elle? pleurer dans les bras de son père,
Faire de ses chagrins un récit à sa mère;
Peut-être pour sa cause armer quelques soldats,
Qui tireront l'épée et ne se battront pas;
Chercher d'autres amours, et sur les bords du Tage
Promener les langueurs d'un précoce veuvage;
J'en ai presque pitié, nuls dangers, nuls témoins;
Qu'elle parte! après tout, c'est un crime de moins.

Mais que dis-je? Le roi l'a-t-il répudiée?
Non. Absente demain, sera-t-elle oubliée?
Elle part, mais le cœur plein d'un mortel affront,
La pourpre sur l'épaule et la couronne au front;
Et moi, qui par faiblesse épargne une victime,

Je ne puis plus porter qu'un titre illégitime,
Et quelque amour pour moi que le roi puisse avoir,
Je ne puis ressaisir qu'un fragile pouvoir,
Flétri par le dégoût, brisé par un caprice?...
Que plutôt dans mon sein mon cœur s'anéantisse !
Est-ce donc pour si peu que j'ai, depuis deux ans,
De l'enfer, dans ce cœur, porté tous les tourments ?
Cette triste grandeur, si longtemps attendue,
Est-ce donc pour si peu que j'en suis descendue,
Tombant du rang suprême au degré le plus bas,
Sans pousser un soupir, sans reculer d'un pas ;
Caressant tour à tour et servant ma rivale ;
Posant sur son chevet la robe nuptiale,
Moi-même sur son sein prenant soin d'attacher
La pourpre qu'à mes flancs je venais d'arracher ;
Sur les marches du trône, esclave abandonnée,
Venant laver la place où je fus couronnée ;
Aux douleurs de Galsuinde assistant sans pâlir ;
Dans ses yeux, dans ses pleurs, calculant l'avenir,
Et, parmi tant de maux, n'ayant pour toute joie
Que l'espoir de saisir et d'abattre ma proie?
Non, non, il me faut plus qu'un misérable amour.
La passion que j'ai s'assouvit au grand jour,
Et je ne ressens point une oisive faiblesse,
A m'aller contenter d'un titre de maîtresse !
Qu'une femme de cour ait cette lâcheté,
Je suis fille du peuple, et j'ai plus de fierté.
Non, Galsuinde, en quittant cette chambre fatale,

Tu n'emporteras pas ma dépouille royale,
Et ce glorieux nom qu'avant toi j'ai porté,
Tu me le rendras tel que je te l'ai prêté ;
Tu l'abandonneras, ce lit qui t'épouvante,
Et demain, s'il le faut, j'y rentrerai servante,
Mais j'en sortirai reine, et si, pour t'en bannir,
Dans ta grandeur d'un jour il faut t'ensevelir,
Accusez-en le ciel qui vous a condamnée,
Madame : vous venez heurter ma destinée !
Nous sommes l'une à l'autre un obstacle ici-bas.
Que Dieu juge entre nous ! vous ne partirez pas !

<small>Le roi paraît.</small>

SCÈNE III

FRÉDÉGONDE, LE ROI.

LE ROI.

Est-ce toi, Frédégonde ? approche, et viens me dire
Quel oubli de toi-même à ta perte conspire.
Tu connais ma tendresse, et l'ancienne amitié
Qui de tes déplaisirs prit toujours la moitié.
Qui te fait t'emporter jusqu'à braver la reine ?
Elle est du sang des rois, elle est ta souveraine.
L'Église la protège, et ses droits proclamés...

FRÉDÉGONDE.

Elle est bien plus encor, seigneur, si vous l'aimez.

LE ROI.

Laissons les vains discours ; avant tout elle est reine.
Sais-tu quels châtiments ton insolence entraîne?
Avec quelle rigueur ce crime est expié?

FRÉDÉGONDE.

Je le savais naguère, et n'ai rien oublié.

LE ROI.

Et tu ne trembles pas?

FRÉDÉGONDE.

    La peur m'est inconnue.

LE ROI.

Tu méprises la mort?

FRÉDÉGONDE.

    Non, seigneur, je l'ai vue.
J'ai calculé ses coups et j'ai compté ses pas.
Je sais ce qu'elle vaut, et je ne la crains pas.

LE ROI.

Ainsi, malgré moi-même, aveugle en sa faiblesse,
Alors qu'il doit fléchir, ton orgueil se redresse.
Misérable fierté dont croit s'enfler ton cœur !
On peut braver la mort, mais non pas la douleur !
A défaut de respect, faut-il qu'on t'avertisse
De te sauver, du moins, des horreurs du supplice?
Faut-il te rappeler dans quel affreux tourment
La victime muette expire lentement?
Ne te souvient-il plus des caveaux de Clothaire?

FRÉDÉGONDE.

Il me souvient, seigneur, qu'il était votre père.

Mais qu'ont-ils, ces tourments, qui puisse épouvanter?
Le lâche seul, seigneur, se laisse ainsi traiter.
Jusque sous le couteau s'attachant à la vie,
Il traîne dans le sang sa honteuse agonie,
Et, quand son pied meurtri sent le froid du tombeau,
Se rejette en pleurant dans les bras du bourreau.
Mais un cœur tout à soi, qui dédaigne de vivre,
Menacé du supplice, aisément s'en délivre.
Tout moyen peut servir; mais il court au plus prompt:
Sur le fer qui l'enchaîne il peut briser son front;
Le pavé des cachots, les murs qui l'environnent,
Tout recèle la mort; qu'on les frappe, ils la donnent.
La mort, elle est partout, seigneur, elle est ici.
Qu'est-ce donc que la mort?

<small>Montrant son poignard.</small>

     Eh! mon Dieu, la voici.

LE ROI.

Quel sera ton asile, et que prétends-tu faire?

FRÉDÉGONDE.

Galsuinde vous priait de la rendre à sa mère.
J'ai la mienne, seigneur, et je l'irai trouver.
Où commença ma vie, elle doit s'achever;
Non pas au sein des cours, sur la couche dorée
Où gémit noblement une infante éplorée,
Ni sous le rideau vert des orangers en fleurs,
Invitant au sommeil de royales douleurs;
Mais au bord des torrents, parmi les rocs arides,
Où sont encor debout les autels des druides;

Dans le fond des forêts, vierges de pas humains,
Où n'a point pénétré la hache des Romains.
Il est dans ces déserts une roche isolée :
Là veille avec mes sœurs ma mère désolée.
A leur asile obscur nul sentier ne conduit ;
La forêt les abrite, et la terre est leur lit.
Sur le coteau s'élève un cyprès funéraire ;
Mon père est là sanglant qui dort sous la bruyère ;
Ma mère sacrifie à ses restes pieux,
Car elle croit encore à nos antiques dieux.
Des monceaux de granit, des chênes séculaires,
Font un vaste rempart à ces lieux solitaires.
Tout est nuit et silence, et le pâtre égaré
Ne marche qu'en tremblant sous l'ombrage sacré.
Dans ce sombre palais j'ai reçu la naissance.
J'en suis sortie un jour, le cœur plein d'espérance ;
J'ai voulu voir de près ce que j'osais rêver.
J'ai vu ; ma mère attend, je vais la retrouver.
Tel sera mon asile.

LE ROI.

Est-ce bien ta pensée ?
Tu commets une faute, et te dis offensée.
Tu veux t'ensevelir dans un désert affreux,
Et ta mère, dis-tu, sert encor les faux dieux ?

FRÉDÉGONDE.

En doutez-vous, seigneur ? croyez-vous qu'il suffise,
Pour tout mettre à genoux, qu'un prince entre à l'église ?

Lorsque par politique il s'est humilié,
Le Sicambre orgueilleux pour lui seul a prié.
Oui, nous servons nos dieux, et nous en faisons gloire.
Ma mère a sa faucille et sa tunique noire;
Et, la nuit, en secret, plus d'une fois sa main
A fait couler le sang sur nos trépieds d'airain.

LE ROI.

Jésus! que dis-tu là?

FRÉDÉGONDE.

Du temps où j'étais reine,
Mes soins veillaient sur elle, acceptés à grand'peine;
Plus d'un esclave obscur, à vous-même inconnu,
Lui porta mes présents, et n'est point revenu.
Je protégeais de loin cette tête sacrée.
Maintenant, comme moi, pauvre et désespérée,
Veuve, et d'affreux lambeaux couvrant ses cheveux blancs,
Elle va dans les bois, se traînant à pas lents,
Chercher ces fruits amers que l'avare nature
Sur la terre à regret jette à sa créature.
Puis, lorsque vient l'hiver, il faut que les enfants
Aillent sur les chemins implorer les passants;
Mes sœurs, mes pauvres sœurs, ô comble de misère!
Vont au seuil des châteaux mendier pour leur mère,
Et chanter au hasard, les larmes dans les yeux,
Ces vieux refrains gaulois si chers à nos aïeux!

LE ROI.

Si tel est leur malheur, pourquoi vivre isolée?

C'est pour courir la nuit à leurs lieux d'assemblée
Que se cachent ainsi les barbares vaincus.
Puis-je porter secours à des maux inconnus ?
Que ne se montrent-ils ? pourquoi fuir ma présence ?

FRÉDÉGONDE.

Ces barbares, seigneur, sont plus fiers qu'on ne pense.
Ils ne se montrent pas pour un morceau de pain ;
Leur visage est voilé lorsqu'ils tendent la main.

LE ROI.

Qu'ils gardent donc en paix cet orgueil solitaire
Qui les fait exiler du reste de la terre !
C'est chez ces mendiants que tu prétends aller ?

FRÉDÉGONDE.

Oui, mendier comme eux, avec eux m'exiler.

LE ROI.

Comme eux sans doute aussi, sur vos autels funèbres,
Offrir un culte impie à l'esprit des ténèbres ?
Tu ne me réponds pas ? au nom du Tout-Puissant !
Tes mains, du moins, tes mains auraient horreur du sang !

FRÉDÉGONDE.

Peut-être. Adieu, seigneur, je vois venir la reine*.

LE ROI.

Comment m'y refuser et comment consentir ?

FRÉDÉGONDE.

Ne vous alarmez pas ; c'est moi qui vais partir.

---

* Il manque ici un vers dans le manuscrit.

LE ROI.

Toi, partir?

FRÉDÉGONDE.

Oui, seigneur, trop de haine et d'envie
Poursuivent en ces lieux mon humble et triste vie.
J'espérais, en perdant un grand rêve oublié,
Trouver l'oubli du moins à défaut de pitié,
Et qu'on pardonnerait à ma grandeur passée,
En voyant la misère où vous m'aviez laissée;
Je me trompais, — l'amour passe avec la faveur,
Mais la haine est fidèle, et s'attache au malheur.
Jusqu'au bord de la tombe elle poursuit sa proie.
Je sais ce qui les pousse et les remplit de joie,
Ces cœurs, ces lâches cœurs à ma perte animés,
Qui s'appelaient hier mes sujets bien-aimés.
Ma couronne est tombée, et c'est sa marque altière
Qu'on flétrit sur mon front, courbé dans la poussière.
Dans les champs, sur la place, à l'église, au palais,
L'ombre de ma puissance est partout où je vais.
C'est elle qu'on insulte, et mon manteau de reine
Flotte encore à leurs yeux sur ma robe de laine.
C'est ce qui rendit fiers vos valets parvenus,
Ceux qui baisaient ma main marchent sur mes pieds nus.
Qu'importent mes ennuis, mes larmes ignorées,
Par de grossiers travaux mes mains déshonorées?
J'ai régné sur ce peuple, et c'est assez pour lui;
Sur l'esclave à loisir il se venge aujourd'hui.
Ainsi s'attache à nous l'ingratitude humaine;

Jusque sur la souffrance elle épuise sa haine,
D'autant plus implacable en son impunité,
Qu'elle paye en orgueil toute sa lâcheté !

Ce morceau considérable, où l'on a pu remarquer avec quelle souplesse l'auteur sait se plier aux exigences de l'art et du style tragiques, fut porté à mademoiselle Rachel dans l'été de 1839. Elle l'accueillit avec joie, l'apprit par cœur et le récita plusieurs fois dans de petites réunions d'amis intimes. Cependant, au lieu de presser le poète d'achever son œuvre, elle voulut attendre la représentation de *Polyeucte*, et puis celle de *Phèdre*. Le temps s'écoula; le beau feu s'éteignit de part et d'autre. Une pièce intitulée *la Servante du roi* fut représentée au théâtre de l'Odéon, et, quoiqu'elle n'ait pas fait grand bruit, le sujet se trouva défloré. Mademoiselle Rachel eut des démêlés avec le Théâtre-Français. Elle écrivit une lettre pour envoyer sa démission de sociétaire; puis elle retira cette démission, et l'envoya une seconde fois. C'est au milieu de ces fâcheux débats que le poète composa, un matin, les stances suivantes, où l'on voit sa tristesse, ses illusions perdues et sa renonciation.

A MADEMOISELLE RACHEL

Si ta bouche ne doit rien dire
De ces vers désormais sans prix ;
Si je n'ai, pour être compris,
Ni tes larmes, ni ton sourire ;

Si dans ta voix, si dans tes traits,
Ne vit plus le feu qui m'anime ;
Si le noble cœur de Monime
Ne doit plus savoir mes secrets ;

Si ta triste lettre est signée ;
Si les gardiens d'un vieux tombeau
Laissent leur prêtresse indignée
Sortir, emportant son flambeau ;

Cette langue de ma pensée,
Que tu connais, que tu soutiens,
Ne sera jamais prononcée
Par d'autres accents que les tiens.

> Périsse plutôt ma mémoire
> Et mon beau rêve ambitieux !
> Mon génie était dans ta gloire ;
> Mon courage était dans tes yeux.

Mademoiselle Rachel n'a jamais connu ces stances; le poëte, après les avoir écrites pour son propre soulagement, n'a pas jugé à propos de les lui envoyer.

LE POÈTE ET LE PROSATEUR

Le poète n'écrit presque jamais la réflexion. Le prosateur n'est juste et profond que par elle. Le poète cependant doit la sentir, et plus profondément encore que le prosateur, par cette raison que, pour exprimer son idée, quelle qu'elle soit, quand ce ne serait que pour la rime, il faut qu'il travaille longtemps. Or, pendant ce travail obligé, une multitude de commentaires, de faces diverses, de corollaires, se présentent nécessairement, à moins de supposer un idiot qui rime un plagiat. Ces corollaires sont plus ou moins bons, brillants, justes, séduisants; ils détournent, ramènent, expliquent, enchantent; pour le prosateur, ce sont des veines, des minerais; pour le poète, les reflets d'un prisme. Il faut au poète le jet de l'âme, l'idée mère; il s'y attache, et cependant peut-il se résoudre à perdre le fruit de la réflexion? S'il n'a que quatre lignes à écrire, il faut donc que le reste y entre; de là ce qu'on nomme la poésie, c'est-à-dire ce qui fait penser. Dans tout vers remarquable d'un vrai poète, il y a deux ou trois fois plus que ce qui est dit; c'est au lecteur à suppléer le reste, selon ses idées, sa force, ses goûts.

Parlons de la mélodie. Tout le monde la sent, depuis les loges de la Scala où les femmes se balancent sous les girandoles, jusqu'aux échaliers de la Beauce où les bœufs s'arrêtent quand un pâtre siffle. Là est, avant tout, la passion du poète. La poésie est si essentiellement musicale, qu'il n'y a pas de si belle pensée devant laquelle un poète ne recule si la mélodie ne s'y trouve pas, et, à force de s'exercer ainsi, il en vient à n'avoir non seulement que des paroles, mais que des pensées mélodieuses. Pour celui qui écrit en prose, il y a bien, si l'on veut, une sorte de goût qui évite les dissonances, et une certaine recherche de la grâce qui groupe les mots le plus proprement possible; mais, si cette recherche et ce goût préoccupent seulement un peu trop l'écrivain, c'est une puérilité qui ôte le poids à la pensée. Un mot suffit pour le prouver : la prose n'a pas de rythme déterminé, et sans le rythme la mélodie n'existe pas. Or, du moment qu'un moyen qu'on emploie n'est pas une condition nécessaire pour arriver au but qu'on veut atteindre, à quoi bon? Que dirait-on d'un homme qui, ayant une affaire pressée, s'imposerait l'obligation de ne marcher dans les rues qu'en faisant des pas de bourrée comme un danseur ? C'est à peu près là ce que fait le prosateur qui cadence ses mots; car lui aussi a une affaire pressée, c'est de dire ce qu'il pense, et non autre chose. Le poète, au contraire, a pour premières lois, pour conditions indispensables, le rythme et la mesure. Son talent n'existe pas indépendamment de ces lois, mais par elles, le rythme est sur ses lèvres, la mesure dans sa gorge; sans eux il est muet.

Pénétrons plus avant. Mon but n'est pas de faire un parallèle et de prouver que le prosateur est un piéton et le poète un cavalier. Je veux dire que ce sont deux natures entièrement différentes, presque opposées, et antipathiques l'une à l'autre. Cela est si vrai, qu'il n'est pas rare de voir, parmi les lecteurs, des gens de mérite, pleins d'intelligence et d'esprit, montrer un goût parfait pour les ouvrages en prose, et ne rien comprendre à la poésie. D'autres, au contraire, presque ignorants, étrangers aux lettres, se laissent prendre, sans savoir pourquoi, au seul bruit d'une rime, jusqu'au point de ne plus pouvoir examiner ce que vaut une pensée dès l'instant qu'elle fait un vers. Que dire à cela ? Il faut bien reconnaître qu'une différence de procédé ne suffit pas pour motiver d'une part une si grande répugnance, de l'autre une si forte prédilection.

Le romancier, l'écrivain dramatique, le moraliste, l'historien, le philosophe, voient les rapports des choses; le poète en saisit l'essence. Son génie purement natif cherche en tout les forces natives. Sa pensée est une source qui sort de terre; ne lui demandez pas de se mêler de politique et de raisonner sur telle circonstance qui se passerait même à deux pas de lui; il ignore ces jeux de la fantaisie et ces variations de l'espèce humaine; il ne connaît qu'un homme, celui de tous les temps. Le poète n'a jamais songé que la terre tourne autour du soleil; il est indifférent aux affaires publiques, négligent des siennes; c'est assez pour lui des ouvrages de la nature. Le plus petit être, la moindre créature, par cela seul qu'ils existent, excitent sa curiosité. Le grand Gœthe quittait sa plume pour examiner un caillou et le regarder des heures entières; il savait qu'en toute chose réside un peu du secret des dieux. Ainsi fait le poète, et les êtres inanimés eux-mêmes lui semblent des pensées muettes. Tandis que des rêveurs qui divaguent cherchent à satisfaire leur exaltation par des déclamations ampoulées et par un vain cliquetis de mots, il contemple ardemment la forme de la matière, et s'exerce à entrer dans la sève du monde. Regarder, sentir, exprimer, voilà sa vie; tout lui parle; il cause avec un brin d'herbe; dans tous les contours qui frappent ses yeux, même dans les plus difformes, il puise et nourrit incessamment l'amour de la suprême beauté; dans tous les sentiments qu'il éprouve, dans toutes les actions dont il est témoin, il cherche la vérité éternelle; et tel il est né, tel il meurt, dans sa simplicité première; arrivé au terme de sa gloire, le dernier regard qu'il jette sur ce monde est encore celui d'un enfant.

1839.

FAUSTINE

FRAGMENT

PERSONNAGES.

LORÉDAN, noble vénitien.
MICHEL,
FABRICE, } ses fils.
GALÉAS VISCONTI, noble milanais.
ORSO, joaillier.
FAUSTINE, fille de Lorédan.
NINA, suivante de Faustine.

FAUSTINE

ACTE PREMIER

SCÈNE PREMIÈRE

MICHEL, seul; puis FABRICE.

MICHEL.

J'ai veillé plus d'une fois durant cette longue guerre ; mais je n'ai jamais passé, que je sache, une nuit pareille à celle-ci. Le jour commence à poindre. — La cloche de Saint-Maurice va bientôt annoncer le soleil. — Serait-il possible qu'elle ne revînt pas ? — Ah ! te voilà, Fabrice ! il est temps.

FABRICE.

Oui, ma foi, car je suis brisé. Ouf ! quelle fatigue !

Il jette son manteau.

MICHEL.

Tu viens du bal, sans doute ? Tu as joué cette nuit ?

FABRICE.

Oui, et je dois dire, en dépit du hasard, que je me suis fort diverti. La plus délicieuse musique, les plus belles femmes de Venise! — Mais que fais-tu là si matin? — Tu n'as pas l'air d'un homme qui se lève, — et ces flambeaux mourants qui pâlissent, ces yeux fatigués... — Qu'as-tu donc?

MICHEL.

Il faut apparemment que les aînés des familles veillent sur l'honneur de leur maison pendant que les enfants s'amusent.

FABRICE.

L'honneur de leur maison, dis-tu? Que signifie cela?

MICHEL.

Tu es bien jeune. — Sais-tu prêter et garder un serment?

FABRICE.

Eh! mon frère, je porte le même nom que toi.

MICHEL.

Jure donc, par ce nom et par celui de notre mère qui n'est plus, que tu ne révéleras jamais ce que je vais te confier.

FABRICE.

Soit. — Je le jure. — Mais quelle voix sinistre...

MICHEL.

Regarde cette porte.

FABRICE.

Celle de notre sœur? — Par quel hasard ouverte à l'heure qu'il est?

MICHEL.

Entre si tu veux, — tu n'éveilleras personne.

FABRICE.

Elle vient donc de sortir à présent?

MICHEL.

Pas à présent.

FABRICE.

Quand donc? Quel motif?...

MICHEL.

C'est précisément pour lui faire cette question que je l'attends.

FABRICE.

Et depuis quelle heure l'attends-tu ainsi?

MICHEL.

Depuis hier soir. — Tu parais surpris?

FABRICE.

Parle mieux, — tu me fais frémir.

MICHEL.

Je ne puis mieux parler; je n'en sais pas plus que toi. Regarde et pense.

FABRICE.

En vérité, je ne saurais faire ni l'un ni l'autre. Malgré le témoignage de mes yeux, certains soupçons, certaines idées, sont trop horribles, trop inattendus, pour que l'esprit, avant de les admettre, ne recule pas épouvanté.

MICHEL.

N'est-ce pas? C'est exactement ce que j'ai éprouvé en passant là, hier à minuit.

FABRICE.

Tu étais seul ?

MICHEL.

Oui, je revenais de l'arsenal.

FABRICE.

Notre père dormait?

MICHEL.

Depuis longtemps.

FABRICE.

Et Nina s'était retirée ?

MICHEL.

Je le crois ainsi.

FABRICE.

Juste ciel !

<small>Il se promène quelque temps en silence.</small>

MICHEL, assis.

A quoi songes-tu ?

FABRICE.

A quoi songes-tu toi-même ? Nina m'a dit que notre sœur se levait quelquefois dans son sommeil, et marchait endormie.

MICHEL.

A d'autres! — Je ne me repais point de contes de nourrice.

FABRICE.

Quelle est donc ta pensée? tu ne l'oses pas dire...

MICHEL.

Je l'oserai devant elle.

FABRICE.

Non, par le Dieu vivant! tant que je conserverai le sentiment de mon propre honneur, je ne croirai jamais que ma sœur puisse cesser un moment de respecter le sien. Le doute même en est impossible... De tout autre que toi je ne le souffrirais pas.

MICHEL.

Ni moi non plus.

FABRICE.

Qu'est-ce donc à dire? Il y a ici, évidemment, quelque mystère inexplicable. Pas plus que toi, je ne puis le pénétrer. Cette disparition, cette chambre vide, ce hasard même qui t'a pris pour témoin, tout cela est, j'en conviens, difficile à comprendre. Mais il est bien plus difficile encore de croire que la fille des Lorédan, après avoir vécu sans reproche pendant vingt ans sous le toit de ses ancêtres, perde tout à coup la raison.

MICHEL.

Ce n'est pas de cela que je la soupçonne.

FABRICE.

Et de quoi donc? Supposons-lui un amour ignoré,

que sais-je ? quelque passion cachée au fond de l'âme (car elle en est capable, et c'est là ta pensée), ira-t-elle fouler aux pieds ce qui fut la règle et l'orgueil de sa vie, la loyauté, l'honneur, la pudeur ?

MICHEL.

Tu crois peut-être...

FABRICE.

Non ! je ne crois rien. C'est notre sœur, c'est une Lorédan. Elle porte sur son visage la ressemblance de notre mère. Tant que je n'aurai pas la preuve qu'elle est coupable, tant que je n'entendrai pas de sa bouche l'aveu de son crime et d'un tel opprobre, je dirai : Non ! c'est impossible !

MICHEL.

Le marquis Visconti, cousin du duc de Milan, doit arriver aujourd'hui même.

FABRICE.

Eh bien ?

MICHEL.

Notre sœur lui est promise.

FABRICE.

Je le sais, et je suis convaincu...

MICHEL.

Que ce mariage se fera ?

FABRICE.

Sans aucun doute, et que, dans peu de temps, une fois les choses expliquées, tu regretteras amèrement les soupçons que tu viens d'avoir.

MICHEL.

Que t'en ai-je dit?

FABRICE.

Tout ce que le silence peut dire.

MICHEL.

Écoute-moi donc, maintenant que je parle. Tu es vif, prompt, toujours pressé, comme les gens qui n'ont rien à faire. Tu juges vite, de peur de réfléchir; mais je suis dans ce fauteuil depuis hier soir, et j'ai compté les heures. Retiens ceci. L'absence de Faustine, si elle n'est pas un crime, est une ruse.

FABRICE.

Une ruse, dis-tu, dans quel but?

MICHEL.

Dans le but fort clair et fort simple de faire rompre cette alliance.

FABRICE.

Le beau moyen que de se déshonorer!

MICHEL.

Elle sait très bien qu'il n'en sera pas ainsi. Elle sait très bien que, tous tant que nous sommes, nous serions prêts à perdre notre fortune et la vie plutôt que de voir publier notre honte. Elle sait très bien que personne dans cette maison n'ira, en pareil cas, avertir notre père, car ce serait lui donner la mort, à ce vieillard qui, après ses sequins, ne chérit que son enfant gâté. Elle se croit sûre de l'impunité, ou, si on l'accusait tout bas, penses-tu qu'une fable ou un prétexte ferait défaut à son esprit subtil? Ce n'est pas là ce qui l'inquiète; mais ce qu'elle veut, ce qu'elle espère, c'est justement un scandale étouffé, c'est qu'on s'aperçoive de sa fuite, et que, sans en pouvoir deviner ou vouloir éclaircir la cause, on n'ose point passer outre et disposer de sa main.

FABRICE.

Quelles imaginations tu te crées! A-t-elle donc de la haine pour Visconti, ou de l'amour pour quelque autre?

MICHEL.

Qui sait?

FABRICE.

Pur fantôme, te dis-je!

MICHEL.

Pas tant que tu peux le supposer. Je connais la tête des Vénitiennes; je l'ai étudiée autre part que dans les miroirs des courtisanes. Il ne m'étonnerait pas le moins du monde que Faustine se fût échappée, sans réfléchir d'avance où elle irait, et dans le seul but que je viens de te dire.

FABRICE.

Ainsi tu crois qu'elle va revenir?

MICHEL.

Il le faut bien. Si elle cherche un scandale, c'est dans ce palais, vis-à-vis de nous seuls, et non ailleurs.

FABRICE.

Gageons que tu te trompes, et que rien de tout cela n'est la vérité.

On entend une cloche.

Tiens, voici le jour! Crois-tu qu'elle revienne maintenant?

MICHEL, à la fenêtre.

Tu as raison : il est trop tard, le palais se remplit de monde. Mais où est-elle? Que veut dire cela? Si je me trompe en l'accusant de ruse, elle est alors bien autrement coupable, et, par mon saint patron l'Archange, je ne voudrais pas...

FABRICE.

Tu ne voudrais pas porter la main sur elle, je pense?... Ne parlais-tu pas de notre père tout à l'heure? Voudrais-tu être le meurtrier de ta sœur?

MICHEL.

S'il était vrai qu'un séducteur...

FABRICE.

Oh! pour cela, n'en parlons pas... Si pareille chose était possible...

MICHEL.

Que ferais-tu?

FABRICE.

Tu le demandes?

MICHEL.

Une provocation à la française, n'est-ce pas?

FABRICE.

Silence! silence! j'entends marcher; on vient de ce côté... Peut-être est-ce Faustine?... Non, c'est notre père... Que Dieu veille sur elle à présent!

Il ferme la porte restée ouverte.

SCÈNE II

Les Précédents, LORÉDAN.

LORÉDAN.

Déjà levés tous deux, mes enfants! Voilà qui est bien... pour Michel, s'entend.

A Fabrice.

Car, pour toi, je sais tes allures; tu n'as pas grand mérite à être debout maintenant. Tu fais de la nuit le jour, tu cours les mascarades...

FABRICE.

Mon père...

LORÉDAN.

Oui, tu dissipes le bien de ta mère; cela te divertit, mais gare l'avenir! Tout vieux que je suis, je puis te faire encore attendre!

FABRICE.

Eh! mon père, quelle triste opinion auriez-vous bien pu concevoir...

LORÉDAN.

C'est bien, c'est bon, je connais ton cœur; mais,

quand je te vois ainsi emplumé, couvert de ces brillants hochets... Tu te ris de nos lois somptuaires!... Nous te confierons quelque jour à messer Grande... Allons, trêve de gronderie, je veux être gai aujourd'hui, car j'ai en poche de bonnes nouvelles... Mais qu'as-tu donc, Michel? Tu es bien pensif.

MICHEL.

Pardon, seigneur... Comment va votre santé? Vous êtes bien matinal aujourd'hui.

LORÉDAN.

Vieille habitude, mon cher ami, vieille habitude de commerçant; car, bien que je ne puisse plus faire profession de l'être, grâce à leur ridicule défense, je le suis et le serai toujours... Sotte et inutile chimère de vouloir nous en empêcher!... Et c'est à cette heure-ci qu'on reçoit ses lettres, qu'on y répond, qu'on règle ses comptes.

FABRICE.

Ainsi, vous-même, vous bravez les lois?

LORÉDAN.

Ah! ah! garçon, cela te fait rire? Si je les brave, du moins ce n'est pas pour jouer aux dés. Certes, personne dans Venise n'est plus fier que moi de son nom; personne, j'ose le dire, ne l'est à plus juste titre. Mais est-ce à dire pour cela qu'un honnête homme, de quelque rang qu'il soit, ne puisse travailler à sa fortune? On ne m'en guérira jamais. Je suis patricien jusqu'à la moelle des os, mais je suis banquier au fond du cœur, et comme j'ai vécu je mourrai... Votre sœur Faustine n'est pas levée?

FABRICE.

Nous ne l'avons pas vue, seigneur...

Bas, à Michel.

Je tremble encore qu'elle ne paraisse.

MICHEL, de même.

N'y songe plus... Il est trop tard. Si elle doit revenir, sa fable est préparée.

LORÉDAN.

C'est que la nouvelle dont je vous parlais l'intéresse principalement. Vous n'ignorez pas, mes enfants, que le marquis Galéas Visconti va venir ici pour être mon gendre. Il vient de Milan. Il s'est arrêté quelques jours à Vérone, pour en prendre possession au nom de son cousin, et je l'attends d'un moment à l'autre, car je ne veux pas qu'il prenne d'autre logis que ce palais. Or savez-vous ce qui arrive? Ce n'est pas une petite affaire, pour une maison telle que la nôtre, que de se voir l'alliée du duc de Milan, et la sérénissime Seigneurie se montre fort ombrageuse en telles occasions. Elle n'aime pas à voir une famille s'élever ainsi, dans son sein, au-dessus des plus hautes têtes, par l'appui d'un prince étranger. Elle craint que cette vieille colonne, en grandissant, n'ébranle l'édifice, — et c'est pourquoi on s'en est inquiété dans le Sénat.

MICHEL.

Eh bien, seigneur, qu'ont-ils résolu?

LORÉDAN.

Eh bien, mon fils, ils ont résolu, — après mûre délibération, — que la République adopte ma fille et la donne, comme princesse, avec une dot considérable, à ce digne et charmant marquis.

FABRICE.

En vérité !

LORÉDAN.

La chose est faite ; j'ai là un mot de l'ami Cornaro, qui a voulu le premier m'annoncer cela. Je ne sais pas encore pertinemment quelle est la dot, mais le mot est écrit : « considérable ». Que la République y trouve son compte, cela n'est pas douteux. Elle bonne mère, mais bonne ménagère. Je crois qu'il y a sous main, entre nous soit dit, quelque projet de traité avec Milan, aux dépens du sieur de Padoue ; et les clefs de quelques petites villes de par la Marche trévisane pourraient bien se glisser dans la corbeille de noces... Eh ! eh ! ces fiers Morosini, avec leur princesse de Hongrie, ils ne seront donc plus les seuls dont la fille ait été ainsi adoptée.

MICHEL.

Je ne suis jamais sans inquiédude lorsque j'entends mon noble père parler ainsi des affaires d'État.

LORÉDAN.

Bon ! te voilà avec tes scrupules. Un soldat ! cela te sied bien ! Est-ce Charles Zéno, ton capitaine, qui t'enseigne cette prudence ?

MICHEL.

C'est parce que je suis un soldat qu'on m'a appris qu'il valait mieux agir...

LORÉDAN.

Que de parler? C'est ce qu'ils m'ont dit aussi quand je suis sorti du conseil intime. Je connais de reste Venise, et je sais que les murailles y ont des oreilles...

FABRICE.

Non pas ici, mon père, mais...

LORÉDAN.

Partout, partout!... J'ai vu à l'œuvre les gens que le peuple appelle *ceux de là-haut*. Venise est le pays du silence. Il s'y promène dans les rues, avec la trahison par derrière, qui le suit en guise de laquais. Je sais tout cela, je lui ai payé ma dette; je me suis tu soixante-cinq ans; mais je suis vieux, je suis las, cela m'ennuie. Je ne divulgue point les secrets de l'État, par la fort bonne raison que je les ignore; mais j'ai été sénateur, correcteur des lois, conseiller, sage de la terre ferme; il est bien temps que je sois moi-même, et si je radote dans ma barbe grise...

MICHEL.

La trahison ne vieillit pas.

LORÉDAN.

A mon âge, monsieur, on ne craint plus que Dieu... Mais qui vient là? quel est ce bruit?

SCÈNE III

Les Précédents, un Valet.

LE VALET.

Le seigneur marquis Visconti vient d'aborder devant le palais.

LORÉDAN.

Dieu soit loué !... allons à sa rencontre.

MICHEL.

Y pensez-vous, mon père? Descendre vous-même! C'est nous que regarde un pareil soin. Rentrez dans votre appartement.

LORÉDAN.

Est-ce donc la mode aujourd'hui que les enfants fassent la leçon aux pères? La peste soit de tes cérémonies! Allez-y donc, puisque vous le voulez.

SCÈNE IV

LORÉDAN, seul; puis NINA.

LORÉDAN.

Je crois, en vérité, que ces garçons-là me renverraient volontiers à l'école!... Hum! ce n'est pourtant pas sans plaisir que je vois en eux cet orgueil altier, cette chaleur du sang de ma race... Voyons un peu,

que tout ceci ne nous fasse pas négliger nos affaires...
Il faut que je présente Visconti à M. le doge... *M. le doge!*... jusqu'où dégradera-t-on cette dignité qui fut suprême? Ce pauvre homme, à qui je présente mon gendre, n'aurait pas le droit de lui donner sa fille. La Quarantie s'y opposerait. Ainsi grandit, comme une forêt qui enveloppe tout dans son ombre, notre toute-puissante aristocratie. Contarini! tu es le premier doge dont la patrie reconnaissante ait prononcé l'oraison funèbre; tu es le dernier qu'on ait appelé seigneur! Par mon patron, si les électeurs voulaient me planter, par mégarde, ce piteux bonnet doré sur la tête, je ferais comme Tiepolo, qui s'évada pour ne point régner, voire même comme Urseolo, qui, de désespoir d'être doge de Venise, alla se faire moine à Perpignan... Mais que fait donc cette paresseuse suivante?

Il appelle.

Nina! Nina!

NINA.

Me voici, monseigneur.

LORÉDAN

Est-ce que ma fille n'est point levée?

NINA.

Elle ne m'a point fait appeler, monseigneur.

LORÉDAN.

Allez-y voir... Nina! Nina! dites-lui que le marquis... que son futur époux... non, ne lui dites rien... mais ayez soin de la faire belle.

NINA.

Oui, monseigneur.

<small>Elle entre dans l'appartement de Faustine.</small>

LORÉDAN.

Il me semble qu'ils sont bien longs dans leur débarquement. Les compliments vont grand train sans doute... cependant Michel n'en fait guère... Ils me diront encore que je suis bien pressé de laisser voir ma fille si matin... Ils trouveront cela contre l'étiquette... Foin de l'étiquette! Est-ce pour rien qu'elle est belle?... Oui, je veux lui donner quelques pierreries...

<small>Il appelle.</small>

Pippo! Cela égaye une jeune beauté, et le reflet lui en saute dans les yeux... Notre voisin l'argentier Orso me donnera cela à bon compte. Il faut que je le fasse avertir... Pippo! Pippo!... Ah! voici notre fiancé.

SCÈNE V

LORÉDAN, FABRICE, MICHEL, VISCONTI, Suite.

VISCONTI.

C'est votre faute, seigneur, si je suis importun. Vous n'avez pas voulu me permettre de rien voir dans cette ville que j'aime tant avant ce que j'en aime le mieux.

LORÉDAN.

Soyez le bienvenu, marquis. Mettez votre main dans celle-ci, ni plus ni moins que si c'était la patte du lion de Saint-Marc en personne. Vous avez raison d'aimer vos amis.

VISCONTI.

De tout mon cœur... Jamais le lion de Saint-Marc ne fut plus grand qu'en ce moment. Pendant qu'il extermine les Génois à vos portes, ses pavillons couvrent toutes les mers, et, bien qu'on le voie immobile, le monde entier sait qu'il a des ailes.

LORÉDAN.

Vous savez que, pour un Vénitien, il n'y a pas de meilleur compliment que ceux qu'on adresse à Venise... Ah ça, dites-moi, êtes-vous las? vous avez fait le chemin cette nuit?

VISCONTI.

Oui, si court que soit un voyage, la fraîcheur de la nuit me plaît... Ce n'est pas, il est vrai, la coutume; mais le soleil et la poussière me gâtent les plus belles routes.

LORÉDAN.

Cela est fort incommode, en effet.

VISCONTI.

Et, par un brillant clair de lune, notre belle Italie endormie me semble encore plus belle qu'éveillée.

LORÉDAN.

J'ai remarqué cela, et aussi que, la nuit, les gens de

la suite vont plus vite ; ils s'arrêtent, en plein jour, au moindre village ; la peur les talonne dans l'obscurité.

MICHEL.

La peur, seigneur ?

LORÉDAN.

Eh ! oui, la peur... des voleurs, des spectres, que sais-je ? de ces petites flammes égrillardes qui dansent le soir sur les ruisseaux... Vous ne connaissez pas celui-là,

En désignant Michel.

il ne veut pas que la peur existe.

VISCONTI.

Il doit cependant l'avoir eue sous les yeux... devant lui... durant cette guerre...

MICHEL.

Non, marquis, le seul mal qu'on puisse dire des Génois, c'est qu'ils sont vaincus.

LORÉDAN.

Et voilà l'autre mauvais sujet,

En montrant Fabrice.

qui ne craint pas non plus la nuit, mais bien les *seigneurs de la nuit*... Il est fort heureux que Barratieri ait eu la glorieuse idée d'établir chez nous le règne des cornets... Méchant garçon !... Vous le voyez, marquis, je vous mets au courant des petits secrets de la famille, afin que vous ne vous trompiez pas de voisin quand vous y prendrez votre place.

VISCONTI.

La plus humble près de vous, seigneur, sera toujours la plus haute à mes yeux.

LORÉDAN.

Que nos projets puissent s'accomplir, vous n'aurez pas la plus mauvaise. Ma chère Faustine, seigneur Visconti...

MICHEL, bas, à Lorédan.

Mon père...

LORÉDAN.

Je n'en veux point parler... Son éloge dans ma bouche, je le sais très bien, Michel, aurait mauvaise grâce; il serait malséant à un père de vanter ce qui fait la consolation et le charme de sa vieillesse. N'est-ce point votre avis, marquis ?

VISCONTI.

Non, seigneur; à vous dire vrai, je pense là-dessus tout autrement; s'agirait-il d'une princesse souveraine, la bénédiction d'un père m'a toujours semblé la plus belle couronne qu'une jeune fille puisse porter au front.

LORÉDAN.

Nous nous entendrons, je le vois, quitte à être grondés tous deux... Vous allez voir ma fille; tout à l'heure je l'ai fait prévenir.

FABRICE.

Seigneur, je crains qu'il ne soit pas possible... en ce moment...

LORÉDAN.

Quoi ? qu'est-ce donc ?

VISCONTI.

Ne me laissez pas être deux fois indiscret, permettez que je me retire.

LORÉDAN.

Quoi donc? est-ce qu'elle est malade? Je viens de voir Nina, qui ne m'a rien dit. Réponds, Fabrice; tu m'inquiètes. Est-ce quelque motif que j'ignore ?...

FABRICE, bas, à Michel.

Que va-t-il arriver ?

MICHEL, de même.

Que veux-tu que j'en sache ?

LORÉDAN.

Eh bien! vous ne vous expliquez point? Que veut dire cela? Excusez-moi, marquis, mais je vais m'informer.

Il va pour entrer chez Faustine et s'arrête en la voyant.

Eh ! que rêvez-vous donc ? La voici elle-même.

SCÈNE VI

Les Précédents, FAUSTINE.

LORÉDAN,

Ma fille, voici le seigneur Visconti qui vient de l'armée et qui nous fait l'honneur d'être notre hôte dans le palais. Il vient s'y reposer des fatigues de la guerre.

VISCONTI.

Je n'en ai vu que les hasards, madame, et, s'il en est de cruels, il y en a d'heureux, puisque j'en ai pu trouver un qui me permet d'être à vos pieds.

FAUSTINE.

Vous venez de Milan, seigneur. Comment se porte la princesse Valentine?

VISCONTI.

Elle nous a quittés pour toujours. Nous espérions en vain la revoir; elle veut rester duchesse d'Orléans.

FAUSTINE.

Je connais sa devise, seigneur!

VISCONTI.

Elle est un peu triste.

FAUSTINE.

Il est vrai : « Rien ne m'est plus... plus ne m'est rien... » Elle est triste, mais digne d'elle.

VISCONTI.

C'est celle d'un cœur brisé.

FAUSTINE.

C'est celle d'une âme vaillante.

VISCONTI.

Cependant ses amis voudraient l'en voir changer.

FAUSTINE.

Êtes-vous sûr que ce soient ses amis?

VISCONTI.

Je crois être du nombre de ceux qui l'aiment le mieux.

FAUSTINE.

Et moi aussi, bien que ce soit d'un peu loin.

VISCONTI.

Je le sais, madame, et je serais heureux si le nom de ma belle cousine pouvait me recommander à vous.

FAUSTINE.

Le vôtre vous suffit, seigneur, pour être le bienvenu partout.

FABRICE, bas, à Michel.

M'as-tu trompé, ou t'es-tu trompé toi-même?

LORÉDAN, à part.

Elle lui fait, ce me semble, un accueil bien lugubre.
Haut.
Marquis, il faut que je vous conduise à l'appartement qu'on vous a préparé.

VISCONTI.

Je ne voudrais pas...

LORÉDAN.

Venez, je vous en prie.
A part.
L'affaire de la dot changera son humeur.
Haut.
Marquis, je vous montre le chemin.
Il sort avec Visconti.

MICHEL, bas, à Faustine.

Sœur, j'ai à te parler.

FAUSTINE.

Quand tu voudras.

MICHEL.

Tout de suite.

FAUSTINE.

Comme tu voudras.

MICHEL, bas, à Fabrice.

Laisse-moi seul avec elle, Fabrice!

FABRICE, bas, à Michel.

Épargne-la. (Il sort.)

SCÈNE VII

MICHEL, FAUSTINE.

MICHEL.

L'amiral, cette nuit, m'avait fait demander. Il y avait eu une fausse alarme, quelques feux allumés à Chiozza. Après avoir visité les postes, j'allais rentrer, lorsqu'en poussant la porte de cette salle, le vent, qui soufflait avec violence, fit ouvrir l'autre devant moi. Je m'avançai, croyant trouver la vieille Nina encore debout. Ne voyant personne, j'appelai Faustine; l'écho de la voûte seul me répondit, et la lueur de la torche que j'avais à la main me montra jusqu'au fond l'appartement désert. Alors j'allumai ces flambeaux et je m'assis dans ce fauteuil... Où était Faustine?

FAUSTINE.

Dieu le sait.

MICHEL.

Chère petite sœur, j'ai attendu longtemps cette nuit. Es-tu bien sûre de ma patience?

FAUSTINE.

J'ose y compter.

MICHEL.

La patience et la haine sont lentes toutes deux; mais la colère et la vengeance sont promptes. Je me nomme Michel Lorédan.

FAUSTINE.

Et moi, Faustine. De qui veux-tu te venger?

MICHEL.

Si je le savais, ce ne serait plus à faire.

FAUSTINE.

Tu ne le sauras pas.

MICHEL.

Demain, si je le veux.

FAUSTINE.

Non, car je vais te dire à l'instant tout ce que tu peux savoir. On veut me marier, et j'ai un époux.

MICHEL.

Vraiment!... c'était là ta fable? Ainsi, c'est un mariage secret?

FAUSTINE.

Oui, vous avez voulu disposer de moi, et, pour que cela fût impossible, j'ai prononcé un de ces serments qui décident de notre vie et qui nous suivent dans le tombeau.

MICHEL.

Fort bien; je te reconnais là. Et il n'est pas permis à ton frère de savoir le nom que tu portes?

FAUSTINE.

Pas à présent.

MICHEL.

En vérité ! Et que répondras-tu à mon père lorsqu'il te présentera lui-même un époux?

FAUSTINE.

Rien, car je compte sur toi pour l'en empêcher.

MICHEL.

De mieux en mieux. Et si je refusais d'avoir pour toi cette complaisance? Tu es bien hardie de me confier ton secret; ne sais-tu pas...

FAUSTINE.

Je sais à qui je parle, mon frère, et je ne crains rien pour mes paroles.

MICHEL.

Mais enfin, si je refusais?

FAUSTINE.

Tu serais cause d'un grand malheur.

MICHEL.

Je ne m'étais pas trompé d'un mot et je savais d'avance chacune de tes paroles. Ainsi tu n'as pas craint, dans ta ruse audacieuse, de jouer avec notre repos et les cheveux blancs de ton père?

FAUSTINE.

J'ai cru que tu les respecterais.

MICHEL.

Sans doute; et ce respect sacré, cette piété d'un fils pour son père, tu t'en es servie comme d'un instrument, comme d'un chiffre dans ton calcul. Il est fâcheux que j'aie eu le temps de réfléchir la nuit dernière, que ta comédie soit prévue et que ce mariage que tu as imaginé pour te dispenser d'obéir...

FAUSTINE.

Imaginé, mon frère?

MICHEL.

Oui, ma sœur, nous nous attendions à cela.

FAUSTINE.

Imaginé!... Voici un anneau...

<small>Elle lui montre un anneau à son doigt.</small>

MICHEL.

Si le pareil existait quelque part, malheur à la main qui le porterait!

FAUSTINE.

Malheur! dis-tu?

MICHEL.

Malheur et mort! Mais ce n'est qu'un jeu, un ridicule mensonge.

FAUSTINE.

Michel, j'aime et je suis aimée.

MICHEL.

Non, non!

FAUSTINE.

J'aime et je suis aimée! Si tu n'entends pas que c'est mon cœur qui parle, c'est que le tien n'a jamais rien dit.

MICHEL.

Jure-le.

FAUSTINE.

Je l'ai déjà juré.

MICHEL.

Malheureuse fille! serait-ce possible?

Moment de silence.

Mais, si cela était, pourquoi taire son nom?

FAUSTINE.

Parce qu'il le faut maintenant.

MICHEL.

Maintenant! si ce n'est pas la peur qui t'empêche de le dire, c'est donc la honte?... Est-ce un patricien?

FAUSTINE.

Peut-être.

MICHEL.

Non, ce n'en est pas un. On le saurait. On le verrait.

FAUSTINE.

Et si ce n'en était pas un?

MICHEL.

Qui donc? Tu ne réponds pas...

Il s'approche d'elle.

Est-ce bien possible, Faustine? Ainsi l'affreux soupçon que j'osais à peine concevoir est la vérité!

FAUSTINE.

Quel soupçon?

MICHEL.

Ainsi, en un jour, en un instant, tu as oublié qui tu es, qui nous sommes! Ainsi tu as forfait à l'honneur!

FAUSTINE.

De quel honneur veux-tu parler? Est-ce du mien, mon frère?

MICHEL.

C'est du nôtre à tous. L'honneur, Faustine, cette barrière sacrée, ce trésor enfoui au seuil de la famille, tu as marché dessus pour sortir d'ici. Quand cette maison où nous sommes serait une cabane au lieu d'un palais, devant l'honneur, il n'y a ni riche ni pauvre, et la tache que ne ferait pas la fille d'un pêcheur au manteau troué de son père, la fille des Lorédan la fera au Livre d'or, à la place où est son nom!

FAUSTINE.

Si tu respectais ce nom autant que tu veux sembler le faire, tu ne commencerais pas par outrager ta sœur. As-tu bien compris ce qu'elle t'a dit? Je te le répète : j'aime et je suis aimée. Hier, on m'a appris que Visconti arrivait, et que je devais appartenir à un autre que celui à qui appartient ma vie. Je n'ai pas craint ta colère, pas plus que l'arrivée du seigneur Visconti, pas plus que votre politique, prête à me faire d'un linceul une robe nuptiale. Ce que j'ai redouté, c'est un mot de mon père, c'est sa juste et froide raison, forte de toute son expérience, plus forte encore de ma tendresse pour lui. Qui sait? peut-être une prière, une larme à côté de ses cheveux blancs, voilà ce dont j'ai voulu me défendre. Être fidèle à la foi jurée, appelles-tu cela forfaire à l'honneur? Le vôtre, à vous, se montre partout, à la maison, au palais, au Sénat, dans les rues, en mer, au combat! Vous le portez au bout de votre épée! Le nôtre, à nous, est au fond de notre âme. Tout ce que nous pouvons, c'est aimer; tout ce que nous devons, c'est d'être fidèles. Je ne suis point femme, mais fiancée. Je n'ai point forfait à l'honneur; j'ai craint de faillir à l'amour, et j'en ai pris Dieu pour témoin.

MICHEL.

Un amour indigne de toi!

FAUSTINE.

Eh! qu'en sais-tu? Je ne t'ai pas dit que ce ne fût pas un patricien. Si j'ai commis une faute en ne vous consultant pas, est-ce une preuve que je ne sache pas choisir? S'il ne m'est pas permis à présent de nommer celui qui est mon époux, de quel droit décides-tu qu'il est indigne de l'être? Et, s'il m'est arrivé d'inspirer quelque amour, suis-je donc si laide, mon frère, qu'un de nos grands seigneurs ne puisse penser à moi? Mais, d'ailleurs, noble ou roturier, n'y a-t-il pas là-bas, au fond de l'Adriatique, quelque endroit où, durant cette guerre, les privilèges s'effaçaient, où la mort oubliait les droits de la naissance?

MICHEL.

C'est donc un soldat?

FAUSTINE.

Peut-être. Tu parlais d'une tache faite au Livre d'or; si le sang versé pour la patrie peut en faire une, tu as raison.

MICHEL.

C'est là le serment que tu as fait?

FAUSTINE.

Oui, devant Dieu.

MICHEL.

Dieu ne reçoit pas de pareils serments faits au hasard par une fille rebelle.

FAUSTINE.

Sont-ce des serments faits au hasard, ceux qu'on prononce au pied des autels?

MICHEL.

Oui; prononcés sans notre aveu, les tiens sont nuls devant les lois.

FAUSTINE.

A l'heure où nous parlons, mon frère, ils sont écrits dans les cieux.

MICHEL.

Voici une main qui se chargera de les effacer sur la terre.

FAUSTINE, montrant son cœur.

Efface-les donc. Ils sont là.

MICHEL.

Tu me braves! Mais, grâce au ciel, ils ne sont pas là seulement. Est-ce tout de bon que tu te flattes de me cacher ce que je veux apprendre? Tu ferais mieux de me le dire; aussi bien pour toi que pour... l'autre.

FAUSTINE.

Et que ferais-tu si je te le disais?

MICHEL.

Je le tuerais.

FAUSTINE.

Non pas... Tu l'assassinerais.

MICHEL.

Peut-être ne prendrais-je même pas cette peine.

FAUSTINE.

Mais je ne t'ai pas dit, mon frère, que ce ne fût pas un patricien.

MICHEL.

Comment?

FAUSTINE.

Mais non; je n'ai point dit cela. La colère te prend tout d'abord et t'empêche de réfléchir. Tu as le sang trop vif, l'humeur trop emportée.

MICHEL.

Si tu oses te jouer de moi, rusée Vénitienne, je t'arracherai ton masque.

FAUSTINE.

Je ne le crois pas.

MICHEL.

Nous verrons.

FAUSTINE.

Essaye...

1851.

L'ANE ET LE RUISSEAU

COMÉDIE EN UN ACTE.

PERSONNAGES.

LE MARQUIS DE PRÉVANNES.
LE BARON DE VALBRUN.
LA COMTESSE.
MARGUERITE, sa cousine.

La scène est à Paris.

L'ANE ET LE RUISSEAU

Un salon.

SCÈNE PREMIÈRE

LA COMTESSE, MARGUERITE.

MARGUERITE.

Je ne saurai donc pas ce qui vous afflige?

LA COMTESSE.

Mais je te dis que ce n'est rien. Ce monde, ce bruit, que sais-je? Un peu de migraine. J'avais cru me distraire, et je me fatiguais.

Elle s'assied.

MARGUERITE.

Savez-vous, ma bonne cousine, que je ne vous reconnais plus! Vous qui n'aviez jamais un moment d'ennui, vous qui étiez la bonté même, je vous trouve maintenant...

LA COMTESSE.

Sais-tu, ma chère Marguerite, que tu débutes justement comme une scène de tragédie! Vous qui étiez jadis... je vous trouve maintenant... Et quoi donc?

MARGUERITE.

Eh bien! comme on dit... triste... languissante...

LA COMTESSE.

Ah! languissante! Parles-tu déjà comme ton bien-aimé M. de Prévannes?

MARGUERITE.

Mon bien-aimé! Cela vous plaît ainsi. Vous vous moquez de moi; mais vous soupirez, vous êtes inquiète. Je n'y comprends rien, car vous êtes si belle! et vous êtes jeune, veuve et riche, vous allez épouser le baron.

LA COMTESSE.

Ah! Marguerite, que dis-tu?

MARGUERITE.

Vous voyez bien que vous soupirez. Il est vrai que M. de Valbrun est quelquefois de bien mauvaise humeur; c'est un caractère singulier. Est-ce que vous avez à vous plaindre de lui?

LA COMTESSE.

Je n'ai qu'à répondre à tes questions. Quelle grave confidente j'aurais là!

MARGUERITE.

Grave, non; mais discrète, au moins. Vous croyez, parce que je ne suis pas... bien vieille... qu'on ne saurait rien me confier. Moi, si j'avais le moindre chagrin... mais je n'en ai pas...

LA COMTESSE.

Grâce à Dieu!

MARGUERITE.

Je vous le raconterais tout de suite, comme à une amie... je veux dire... comme à une sœur qui aurait remplacé ma mère, car c'est bien ce que vous avez fait; vous êtes mon seul guide en ce monde, mon seul appui, ma protectrice; vous avez recueilli l'orpheline; mon tuteur vous laisse faire tout ce que vous voulez (il a bien raison, le pauvre homme!). Mais je ne suis ni ingrate, ni sotte, ni bavarde, et, si vous avez de la peine, il est injuste de ne pas me le dire.

LA COMTESSE.

Tu n'es certainement ni sotte, ni ingrate; pour bavarde...

MARGUERITE.

Oh! ma chère cousine!

LA COMTESSE.

Oh! ma chère cousine! Quelquefois... par hasard... dans ce moment-ci, par exemple, vous avez, mademoiselle, ne vous en déplaise, un peu beaucoup de curiosité. Et pourquoi? Cela se devine. M. de Prévannes doit vous épouser... ne rougissez pas, c'est chose convenue; pour ce qui est de ma protection, avec votre petite mine et votre petite fortune, vous vous en passeriez très bien; mais mon mariage doit précéder le vôtre, c'était du moins ce qu'on avait dit... je ne sais trop pour quelle raison... car je suis libre... je puis disposer de moi... comme je l'entends... rien n'est décidé... tout peut être rompu d'un jour à l'autre... je ne sais trop moi-même... non, en vérité, je ne saurais dire... et voilà d'où viennent vos questions.

MARGUERITE.

Non, madame, non; pour cela, je ne suis pas pressée de me marier, mais pas du tout, et ce jeune homme...

LA COMTESSE.

Vrai, pas du tout! tu n'aimes pas ce jeune homme? Tu n'as pas fait cent fois son éloge?

MARGUERITE.

Je conviens que je le trouve... assez bien.

LA COMTESSE.

Quoi! tu n'as pas dit que tu le trouvais charmant?

MARGUERITE.

Oh! charmant! Il a de bonnes manières, mais il est quelquefois d'une impertinence...

LA COMTESSE.

Que personne n'avait autant d'esprit que lui?

MARGUERITE.

Oui, de l'esprit, il en a, si l'on veut; mais je n'ai pas dit que personne...

LA COMTESSE.

Autant de grâce, de délicatesse...

MARGUERITE.

Pour de la délicatesse, c'est possible, mais de la

grâce, fi donc! Est-ce qu'un homme a de la grâce?

LA COMTESSE.

Enfin, que tu ne demandais pas mieux...

MARGUERITE.

C'est possible, il ne me déplaît pas; mais pour ce qui est de l'amour... il est si étourdi, si léger!...

LA COMTESSE.

Et mademoiselle Marguerite n'est ni légère, ni étourdie! Eh bien donc! tu le rendras sage, tu en feras un homme sérieux, un philosophe, et il te fera marquise... La gentille marquise que je vois d'ici! Vous babillerez, d'abord, tout le jour, vous vous disputerez, c'est votre habitude...

MARGUERITE.

Puisque vous dites qu'on doit nous marier.

LA COMTESSE.

C'est pour cela que vous êtes en guerre?

MARGUERITE.

On dit que, dans un bon ménage, on se querelle toujours de temps en temps. Puisque je dois l'épouser, j'essaye.

LA COMTESSE.

Voyez le beau raisonnement! Est-ce à ta pension qu'on t'a appris cela? Une femme qui aime son mari...

MARGUERITE.

Mais je vous dis que je ne l'aime pas.

LA COMTESSE.

Et tu l'épouses?

MARGUERITE.

Oui, puisqu'on le veut, puisque mes parents l'avaient décidé, puisque mon tuteur me le conseille, puisque vous le désirez vous-même...

LA COMTESSE.

Tu te résignes?

MARGUERITE.

J'obéis... Je fais un mariage de raison.

LA COMTESSE.

Quelle sagesse! quelle obéissance! Tu me ferais rire, malgré que j'en aie... Eh bien, ma chère, tu ne l'aimes pas, tu ne l'aimeras même jamais, si tu veux, j'y consens; mais il ne te déplaît pas, et il te plaira.

Tristement.

Va, tu seras heureuse!

MARGUERITE.

Je n'en sais rien.

LA COMTESSE.

Moi, je le sais, et avec sa légèreté, je ne te donnerais pas à lui, si j'en connaissais un plus digne. Je ne dirai pas comme toi que je le trouve incomparable...

MARGUERITE.

Vous me désolez.

LA COMTESSE.

Non, non; mais ce que je sais fort bien, c'est que, malgré cette apparence d'étourderie et de frivolité, M. de Prévannes est un ami sûr, un homme de cœur, tout à fait capable de servir de guide, dans ses premiers pas, à une enfant qui, ne t'en déplaise...

MARGUERITE.

Lui, me servir de guide!... Ah! je prétends bien... pour cela, nous verrons.

LA COMTESSE.

Sans doute, tu prétends bien...

MARGUERITE.

Oui, je prétends, s'il a du cœur et de l'honneur, en avoir tout autant que lui; je prétends savoir me conduire; je prétends qu'on ne me guide pas; je ne souffrirai pas qu'on me guide; je sais ce que j'ai à faire, apparemment; je prétends être maîtresse chez moi. Et s'il a de ces ambitions-là...

LA COMTESSE.

Eh bien?

MARGUERITE.

Eh bien! qu'il ose me le dire en face, je lui apprendrai!... qu'il se montre!... Ah! monsieur de Prévannes, vous vous imaginez...

SCÈNE II

Les Mêmes, un Domestique.

LE DOMESTIQUE, annonçant.

M. de Prévannes.

MARGUERITE.

Permettez que je me retire.

LA COMTESSE.

Pourquoi donc ? Et cette belle colère ?

Au domestique.

Priez qu'on entre.

Le domestique sort.

MARGUERITE.

J'ai à écrire.

LA COMTESSE.

Oh! sans doute! Il faut que tu donnes à quelqu'une de tes bonnes amies des nouvelles de ta robe neuve.

SCÈNE III

Les Mêmes, PRÉVANNES.

PRÉVANNES.

Bonjour, mesdames. Je ne vous demande pas comment vous allez ce matin, je vous ai vues tout à l'heure aux courses, et vous étiez éblouissantes.

LA COMTESSE.

Vous vous serez trompé de visage.

PRÉVANNES.

Non, vraiment; mais qu'avez-vous donc? Il me semble en effet voir un air de mélancolie... Je vous annonce le baron... plus sombre et plus noir que jamais.

MARGUERITE.

Il nous manquait cela! Je m'enfuis.

PRÉVANNES.

Laissez, laissez, vous avez le temps. Je l'ai rencontré dans les Tuileries, qui se promenait d'un air funèbre, au fond d'une allée solitaire. Il s'arrêtait de temps en temps avec des attitudes de méditation. Quelqu'un qui ne le connaîtrait pas aurait cru qu'il faisait des vers.

MARGUERITE.

Et monsieur le marquis n'admet pas qu'on puisse avoir un goût qui lui manque?

PRÉVANNES.

Ah! ah! je n'y prenais pas garde; j'arrive ici comme Mascarille, sans songer à mal, et je ne pense pas qu'il faut me tenir sur le qui-vive. Eh bien! ma charmante ennemie, que dites-vous ce matin, mademoiselle Margot?

MARGUERITE.

D'abord, je vous ai défendu de m'appeler de cet affreux nom-là.

PRÉVANNES.

Défendu! ah! c'est mal parler; vous voulez dire que cela vous contrarie. Vous avez raison; cela choque ce qu'il y a en vous de majestueux.

A la comtesse.

Décidément, vous êtes préoccupée.

LA COMTESSE.

Oui, je vous parlerai tout à l'heure.

MARGUERITE.

Je suis de trop ici.

LA COMTESSE.

Non, ma chère.

PRÉVANNES.

Si fait, si fait. Point de cérémonie; entre mari et femme, on se dit ces choses-là.

MARGUERITE.

Et c'est pourquoi j'espère bien ne jamais les entendre de votre bouche.

PRÉVANNES.

Fi! ce n'est pas d'une belle âme de déguiser ce qu'on désire le plus et de renier ses plus tendres sentiments.

MARGUERITE.

Ah! que cela est bien tourné! On voit que le beau langage vous vient de famille, et que votre bisaïeul avait de l'esprit. Il y a dans vos propos un parfum de l'autre monde. Je vous enverrai un de ces jours une perruque.

PRÉVANNES.

Et je vous ferai cadeau d'un bonnet carré, afin de vous donner plus de poids et l'air plus respectable encore. — Mais dites-moi donc, avant de vous en aller, je voudrais savoir, là franchement, quelle est, parmi mes mauvaises qualités, celle qui vous a rendue amoureuse de moi.

MARGUERITE.

Toutes ensemble, apparemment, car, dans le nombre, le choix serait trop difficile.

PRÉVANNES.

Cet aveu-là n'est pas sincère. Dans le plus parfait assemblage, il y a toujours quelque chose qui l'emporte, qui prime, cela ne peut échapper. Vous, par exemple, tenez, mademoiselle Margot... non... Marguerite... il suffit de vous connaître pour s'apercevoir clairement que votre mérite particulier, c'est un grand fonds de modestie.

MARGUERITE.

Oui, si j'en ai la moitié autant que vous possédez de vanité.

PRÉVANNES.

Ma vanité est toute naturelle; elle me vient de vous. Que voulez-vous que j'y fassse? Lorsqu'on se voit distingué tout à coup par une si charmante personne...

MARGUERITE.

Oh! très distingué, en effet; je suis bien loin de vous confondre avec le reste des mortels, qui ont le malheur vulgaire d'avoir le sens commun.

PRÉVANNES.

Bon! voilà encore qui n'est pas poli. Mais je vois bien ce que c'est et je vous pardonne. Vous ne querellez que pour faire la paix. Et quelle jolie paix nous avons à faire! Allons, donnez-moi votre petite main.

Il veut lui baiser la main.

MARGUERITE.

Je vous déteste. — Adieu, monsieur.

PRÉVANNES.

Adieu, cruelle.

SCÈNE IV

LA COMTESSE, PRÉVANNES.

LA COMTESSE.

Vous vous querellerez donc sans cesse ?

PRÉVANNES.

C'est que je l'aime de tout mon cœur. Ne dois-je pas être son mari ?

LA COMTESSE.

D'accord, mais...

PRÉVANNES.

Est-ce qu'elle hésite ?

LA COMTESSE.

Elle dit qu'elle n'est pas pressée.

PRÉVANNES.

Nous verrons bien; parlons de vous; qu'est-il donc arrivé ?

LA COMTESSE.

Rien de nouveau. — Mais dites-moi : comment voyez-vous de prime abord, en arrivant ici, que j'ai quelque sujet d'inquiétude ?

PRÉVANNES.

Il n'est pas difficile de voir si les yeux sont tristes ou non.

LA COMTESSE.

Bon! triste, on l'est pour cent raisons dont pas une souvent n'est sérieuse. Si vous rencontrez un de vos amis, et qu'il ait l'air moins gai que la veille, allez-vous lui demander pourquoi? Cela arrive à tout le monde.

PRÉVANNES.

A tout le monde, soit, je ne demanderai rien et ne m'en soucie pas davantage ; mais aux personnes qu'on aime, c'est autre chose, et je vous demande la permission d'oser y voir clair avec vous. — Je reviens à mon dire : qu'est-il arrivé ?

LA COMTESSE.

Je vous le répète, rien de nouveau, et c'est justement ce qui me désespère. Votre ami est si étrange, si bizarre...

PRÉVANNES.

Ah! oui, il ne se décide pas. C'est un peu comme la petite cousine.

LA COMTESSE.

Oh! c'est bien pire, et que voulez-vous? Notre mariage était... convenu... Je ne sais vraiment...

PRÉVANNES.

Est-ce que je vous intimide ?

LA COMTESSE.

Non, non, vous êtes presque mon parent; d'ailleurs, j'ai toute confiance en vous, et j'ai besoin de parler franchement. Vous connaissez, n'est-ce pas, la position singulière où je me trouve? Veuve et libre, j'ai une famille qui ne peut, il est vrai, disposer de moi, mais dont je ne voudrais, sous aucun prétexte, me séparer entièrement: je ne suis pas forcée de suivre les conseils qu'on peut me donner, mais vous comprenez que les convenances...

PRÉVANNES.

Oui, les convenances... et mon ami Valbrun...

LA COMTESSE.

M. de Valbrun, avant mon mariage, avait, vous le savez aussi, demandé ma main. Depuis ce temps-là, il s'était éloigné, il était allé... je ne sais où; je ne l'ai plus revu. Maintenant il est revenu, il a renouvelé sa demande; elle n'a point été repoussée, et... comme je vous le disais, les convenances, les intérêts de famille, et même une inclination réciproque... je ne vous cache rien...

PRÉVANNES.

A quoi bon?

LA COMTESSE.

Tout s'unissait, s'accordait à merveille... Voilà trois mois que les choses sont ainsi. Il me voit tous les jours, et il ne dit mot.

PRÉVANNES.

Cela doit être fatigant.

LA COMTESSE.

Que puis-je faire ? Attendrai-je un hasard, une éclaircie dans cette obscurité, et qu'une fantaisie lui prenne de me rappeler une parole donnée ? Il y avait encore pour ma terre de Cernay, pour des arrérages, je ne sais quoi, quelques petites difficultés. Elles sont résolues d'hier; je viens d'en recevoir l'avis. Lui en parlerai-je la première ?

PRÉVANNES.

Ma foi, oui. Si vous me consultez, ce serait ma façon de penser. Je connais Valbrun depuis l'enfance : c'est le plus honnête garçon du monde; mais il ne fait jamais ce qu'il veut. Est-ce timidité, est-ce orgueil, est-ce seulement de la faiblesse ? C'est tout cela peut-être à la fois. Quand la timidité nous tient à la gorge, elle gâte tout, elle se mêle à tout, même aux choses qui semblent lui être le plus opposées. Voilà un homme qui vous aime, qui vous adore, j'en réponds; il se battrait cent fois, il se jetterait au feu pour vous; mais c'est une entreprise au-dessus de ses forces que de se décider à acheter un cheval, et, s'il entre dans un salon, il ne sait où poser son chapeau.

LA COMTESSE.

Ne serait-il pas dangereux d'épouser ce caractère-là ?

PRÉVANNES.

Point du tout, car ce n'est pas le vôtre. D'ailleurs, il

n'est ainsi que lorsqu'il est tout seul. Il demandera, peut-être, alors son chemin ; mais, qu'il vous donne le bras, il le saura de reste.

LA COMTESSE.

Vous m'encouragez, je le vois. Mais est-il possible à une femme d'aborder de certaines questions...

PRÉVANNES.

Eh ! madame, ne l'aimez-vous pas ?

LA COMTESSE.

Mais êtes vous bien sûr qu'il m'aime ? Cette madame Darcy...

PRÉVANNES.

Ah ! voilà le lièvre. C'est en pensant à cette femme-là que vous me disiez tout à l'heure que ce pauvre baron, après votre mariage, était allé je ne sais où... Mais vous parliez d'histoire ancienne.

LA COMTESSE.

Croyez-vous qu'il en soit tout à fait détaché ?

PRÉVANNES.

Vous pourriez dire quelque chose de plus... mais pour détaché, sans nul doute, car il n'en parle plus, maintenant, pas même pour en dire du mal.

LA COMTESSE.

Il l'a beaucoup aimée ?

PRÉVANNES.

On ne peut pas davantage. Cette cruelle maladie, qui a failli le mettre en terre, et cette défiance boudeuse qu'il en a gardée, sont autant de cadeaux de cette charmante personne. Ah! morbleu! celle-là, si je la tenais!...

LA COMTESSE.

Est-ce que vous êtes vindicatif?

PRÉVANNES.

Non pas pour moi ; je n'ai pas de rancune, et je ne fais point de cas des colères conservées. Mais ce pauvre Henri, qui, avec ses vertiges, est le plus franc, le plus brave garçon... la bonne dupe!

LA COMTESSE.

Lui donnez-vous ce nom parce qu'il lui est arrivé... de se tromper ? C'est votre ami.

PRÉVANNES.

Oui, et c'est pour cela même que je serais capable, Dieu me pardonne!... Oui, et ensuite, je ne saurais dire... mais je déteste la fausseté, la perfidie, tout l'arsenal des armes féminines ; je sais bien qu'on peut s'en servir utilement, mais cela me répugne ; et c'est ce qui fait que, si je n'aimais pas votre cousine, je serais amoureux de vous.

LA COMTESSE.

Voulez-vous que je le lui dise?

PRÉVANNES, à la fenêtre.

Si cela vous plaît. Voici le baron lui-même, je le reconnais... il traverse la cour bien lentement... il revient sur ses pas... entrera-t-il ? C'est à savoir.

LA COMTESSE.

Monsieur de Prévannes, le cœur me manque.

PRÉVANNES.

A quel propos ?

LA COMTESSE.

Je ne puis, non, je ne puis suivre le conseil que vous me donnez. Parler la première... oser dire... mais c'est lui avouer... songez donc!...

PRÉVANNES.

Je ne songe point... Parlez, madame; osez, je suis là.

LA COMTESSE.

Quoi! devant vous!

PRÉVANNES.

Eh! oui, devant moi. Voyez le grand mal!

LA COMTESSE.

Mais s'il hésite, s'il refuse?

PRÉVANNES.

Eh bien! madame, eh bien! qu'en peut-il arriver? Voyez-vous les Romains...

LA COMTESSE.

Mais taisez-vous donc, je l'entends.

PRÉVANNES.

Bon! vous ne le connaissez pas. Il est bien homme à se présenter, comme cela, tout naturellement! Il va longtemps rêver dans l'antichambre; il va frémir dans la salle à manger, et il se demandera, en traversant le salon, s'il ne ferait pas mieux de s'aller noyer.

LA COMTESSE.

Vous me faites rire malgré moi, comme Marguerite tout à l'heure. Ah! vous êtes bien faits l'un pour l'autre!... mais je vous répète que le courage me manque.

PRÉVANNES.

Et je vous répète qu'il vous aime. Si je n'en étais pas convaincu, vous donnerais-je ce conseil que vous n'osez pas suivre? Vous le donnerais-je pour tout autre que Valbrun? Vous dirais-je un mot? Dieu m'en garde! s'il s'agissait d'un mannequin à la mode ou seulement d'un homme ordinaire... mais il s'agit ici d'un entêté, et en même temps d'un irrésolu. Mais il vous aime... il serait bien bête! Et vous l'aimez, vous êtes fiancés, vous êtes sa promise, comme on dit dans le pays.

LA COMTESSE.

Mais je suis femme.

PRÉVANNES.

Il est honnête homme; je jurerais sur sa parole comme sur la mienne. Que craignez-vous? Allons, madame, un peu de courage, un peu de bonté, un peu de pitié, car vous n'avez seulement qu'à sourire!...

LA COMTESSE.

Vous croyez! Mais si vous restez, vos plaisanteries vont lui faire peur.

PRÉVANNES.

Point du tout, je ne dirai rien, je vais regarder vos albums.

Il s'assied près d'une table.

SCÈNE V

Les Mêmes, VALBRUN.

LA COMTESSE.

C'est vous, monsieur? Comment vous va?

VALBRUN.

Madame, je me reprochais d'avoir passé hier la journée sans vous voir; j'ai été forcé... malgré moi...

A Prévannes.

Bonjour, Édouard; j'ai été obligé...

LA COMTESSE.

Vous avez été obligé...

VALBRUN.

Oui, j'ai été... à la campagne. Cela repose... cela distrait un peu.

Il s'assied.

LA COMTESSE.

Sans doute; c'est très salutaire.

VALBRUN.

Oui, madame, et je craignais fort de ne pas vous trouver aujourd'hui.

LA COMTESSE.

Pourquoi? Vous deviez être bien sûr de l'impatience que j'aurais de vous voir. Autrefois vous étiez moins rare.

VALBRUN.

Ceci n'est pas un reproche, j'espère?

LA COMTESSE.

Non; pourquoi vous en ferais-je... Vous n'en méritez sûrement pas.

VALBRUN.

Non, madame; et je crois que vous me rendez trop de justice pour penser autrement de moi.

LA COMTESSE.

Si je vous soupçonnais d'oublier vos amis, je me le reprocherais comme un crime.

VALBRUN.

Oui... vous avez raison, c'en serait un véritable... Allez-vous ce soir à l'Opéra?

LA COMTESSE.

Je n'en sais rien; je ne suis pas bien portante.

VALBRUN.

Cela est fâcheux.

<small>Pendant cette scène, Prévannes regarde souvent la comtesse en donnant des signes d'impatience.</small>

LA COMTESSE.

Oh! ce ne sera rien. A propos, baron, je voulais vous dire...

<small>A part.</small>

Je n'oserai jamais, c'est impossible!

<small>Haut.</small>

Comment se porte madame d'Orvilliers?

VALBRUN.

Ma tante? fort bien, je vous remercie. Elle va partir aussi pour la campagne.

LA COMTESSE.

Comment, aussi? est-ce que vous y retournez?

VALBRUN.

Je n'en sais rien, cela dépendra de certaines circonstances...

LA COMTESSE.

De certaines circonstances... et ces circonstances ne dépendent-elles pas de vous?

VALBRUN.

Pas tout à fait. On n'est pas toujours maître de ses actions.

LA COMTESSE.

Vous me surprenez. Il me semblait que vous m'aviez dit... dernièrement... que vous étiez indépendant, par votre position comme par votre fortune, que rien ne vous gênait, ne vous contraignait. C'est comme moi, qui suis parfaitement libre, et qui puis, à mon gré, disposer de moi.

VALBRUN.

Je suis bien libre aussi, si vous voulez; mais je n'ai pas encore pris mon parti.

LA COMTESSE.

C'est ce que je vois.

PRÉVANNES, à part.

La peste l'étouffe!

VALBRUN.

Oui, c'est embarrassant. Les uns me conseillent l'exercice, les autres le repos absolu. Il est bien vrai qu'à la campagne on peut trouver l'un ou l'autre à son choix.

LA COMTESSE.

Sans doute. A propos de campagne, je voulais vous dire...

A part.

Quelle fatigue!

Haut.

La vôtre n'est pas loin de Paris?

VALBRUN.

Oh! mon Dieu! non, madame, c'est à deux pas derrière Choisy; c'est un parc anglais; et, si j'osais jamais espérer que votre présence vînt l'embellir...

LA COMTESSE.

Mais cela pourrait se faire... je ne dis pas non... je me souviens même...

VALBRUN, se levant et saluant.

Je serais heureux de vous recevoir.

LA COMTESSE.

Où allez-vous donc?

VALBRUN.

Je ne voulais que vous voir un instant. Je... je reviendrai... si vous le permettez.

Il salue de nouveau et veut s'en aller. Prévannes fait signe à la comtesse de le retenir.

LA COMTESSE.

Vous n'êtes pas si pressé! Restez donc là. J'ai à vous parler.

VALBRUN.

Comme vous voudrez.

Il se rassied.

LA COMTESSE, à part.

Prévannes le gêne, j'en étais sûre.

Haut.

C'est au sujet de ma terre de Cernay, vous savez...

A part.

Je suis au supplice...

SCÈNE VI

Les Mêmes, MARGUERITE.

MARGUERITE, ouvrant la porte sans entrer.

Ma cousine...

LA COMTESSE.

Eh bien! qu'est-ce donc?

MARGUERITE.

M. de Prévannes est-il parti?

PRÉVANNES.

Non, mademoiselle, et j'examine là de charmants dessins qui ne sont pas signés, mais qui n'ont que faire de l'être; à cette fine touche, on reconnaît la main.

MARGUERITE.

Écrivez-moi un madrigal au bas.

PRÉVANNES.

Que me donnerez-vous pour ma peine?

MARGUERITE.

Je vous l'ai dit : une perruque.

PRÉVANNES.

Et je vous rendrai une couronne.

MARGUERITE.

De feuilles mortes?

PRÉVANNES.

De fleurs d'oranger.

MARGUERITE.

Je n'en ai que faire.

PRÉVANNES.

Venez donc, venez donc!

MARGUERITE.

Je n'ai pas le temps.

SCÈNE VII

LA COMTESSE, PRÉVANNES, VALBRUN.

VALBRUN.

Il est bien vrai que ces dessins sont parfaits.

A la comtesse.

Vous me disiez, madame...

LA COMTESSE.

Mais... je ne sais plus...

VALBRUN.

Vous parliez, je crois, de votre terre...

LA COMTESSE.

Ah! oui, de ma terre... Vous savez que j'ai failli avoir un procès; tout est arrangé maintenant, et les formalités nécessaires seront terminées dans peu de jours.

VALBRUN.

Dans peu de jours?

LA COMTESSE.

Oui, j'ai reçu une lettre.

VALBRUN.

Ah!... une lettre?

LA COMTESSE.

Oui... elle est par là...

PRÉVANNES, à part.

Ils me font pitié; je n'y tiens pas...

Haut.

Henri, veux-tu que je m'en aille?

VALBRUN.

Pourquoi donc?

PRÉVANNES.

Je crains d'être importun. Je suis resté ici à regarder des images, comme si j'étais de la maison. Je crains de t'empêcher de dire à la comtesse toute la joie que tu éprouves de voir que rien ne s'oppose plus...

VALBRUN.

J'espère, madame, que vous ne croyez pas qu'un détail d'intérêt puisse rien changer à ma façon de penser. Je craignais, il est vrai, les obstacles...

PRÉVANNES.

Il n'y en a plus.

VALBRUN.

Dit-il vrai, madame?

LA COMTESSE.

Mais...

Prévannes lui fait signe.

Oui, monsieur.

VALBRUN, froidement.

Vous me ravissez! j'espère encore que vous ne doutez pas... combien je désire... que rien ne retarde l'instant...

Il se lève.

Si vous n'allez pas ce soir à l'Opéra, je vous demanderai la permission...

PRÉVANNES.

Que diantre as-tu donc tant à faire?

VALBRUN, troublé.

Une course dans le voisinage, chez un.. chez un voisin... oui, madame, ce ne sera pas long. Je reviendrai, puisque vous le voulez bien.

LA COMTESSE.

Revenez tout de suite.

VALBRUN.

Oui, madame.

LA COMTESSE.

Vous me le promettez?

VALBRUN.

Certainement; que voulez-vous que je fasse quand je ne vous vois pas?

<small>Il salue et sort.</small>

SCÈNE VIII

LA COMTESSE, PRÉVANNES.

LA COMTESSE.

Eh bien! monsieur, vous dites qu'il m'aime? Ah! je suffoque!

PRÉVANNES, se levant.

Il est véritable que ce garçon-là est... surprenant.

LA COMTESSE.

Vous l'avez vu, vous l'avez entendu. J'ai fait ce que vous désiriez. Je vous demande maintenant s'il est possible que je joue plus longtemps un pareil rôle, et si je puis consentir à me voir traitée ainsi. Avec quel embarras, avec quelle froideur il m'a écoutée, il m'a répondu. Vous avez beau dire, il ne m'aime pas, ou plutôt il en aime une autre, madame Darcy ou qui vous voudrez, peu importe. Toujours est-il que je ne suis pas faite à de pareilles façons. Et, quand j'admettrais votre idée que, malgré ses impertinences, il m'est attaché au fond de l'âme, à quoi bon? Ne voulez-vous pas que j'entreprenne de le guérir de son humeur noire, et que je me fasse, de gaieté de cœur, la très humble servante d'un bourru malfaisant? Non, eût-il cent belles qualités et les meilleurs sentiments du monde, son hésitation est quelque chose d'outrageant. Je rougis de ce que je viens de lui dire, je suis humiliée, je suis... je suis offensée!...

PRÉVANNES.

Je ne vois qu'un seul moyen pour accommoder cela.

LA COMTESSE.

Et lequel?

PRÉVANNES.

Rendez-le jaloux.

LA COMTESSE.

Que voulez-vous dire?

PRÉVANNES.

Cela s'entend. Rendez-le jaloux. Il se prononcera; sinon, vous le mettrez à la porte, et je ne le reverrai moi-même de ma vie.

LA COMTESSE.

Vous m'avez déjà donné un triste conseil, et je n'entends rien à ces finesses-là...

PRÉVANNES.

Bon! des finesses? un moyen si simple, qu'il est usé à force d'être rebattu, un vieux stratagème qui traîne dans tous les romans et tous les vaudevilles, un moyen connu, un moyen classique! Prendre un ton d'aimable froideur ou d'outrageante coquetterie, se rendre visible ou inabordable selon le temps qu'il fait ou l'esprit du moment; inviter un pauvre diable à une soirée, et le laisser deux heures sur sa chaise sans daigner jeter les yeux sur lui ni lui adresser une parole; prendre le bras d'un beau valseur bien fat, et sourire mystérieusement en regardant la victime par-dessus l'épaule; puis, changer d'idée tout à coup, lui faire signe, l'appeler près de soi, et, lorsque sa passion, trop longtemps contenue, murmure de doux reproches ou de tendres prières, répéter tout haut, d'un air bien naïf, devant une douzaine d'indifférents, tout ce que le personnage vient de dire... et s'en aller surtout, s'en aller à propos, disparaître comme Galathée!... Je ne finirais pas si je voulais détailler. L'arme la plus acérée, c'est la coquetterie; la plus meurtrière, c'est le dédain. Et vous ne voulez pas tenter une expérience si naturelle? Mais vous n'avez donc rien vu, rien lu?... vous manquez de littérature, madame.

LA COMTESSE.

Il me semblait que tout à l'heure vous détestiez les ruses féminines.

PRÉVANNES.

Un instant! Il s'agit de tromper un homme pour le rendre heureux; ce n'est pas là une ruse ordinaire, et je vous ai dit qu'à l'occasion...

LA COMTESSE.

Êtes-vous bien convaincu de ma maladresse?

PRÉVANNES.

Eh, grand Dieu! Je n'y songeais pas. Je vous demande pardon, je fais comme Gros-Jean qui en remontrerait...

LA COMTESSE.

Non, monsieur de Prévannes, je ne veux pas me servir de vos espiègleries, je n'en ai ni le talent ni le goût. Si je frappais, j'irais droit au but. Mais votre idée peut être juste; je vous le répète : je suis offensée, et, quand pareille chose m'arrive... je suis méchante, toute bonne que je suis... je fais mieux que railler, je me venge.

PRÉVANNES.

Courage, comtesse! c'est le plaisir des dieux.

LA COMTESSE.

Le rendre jaloux! m'aime-t-il assez pour cela?

PRÉVANNES.

Nous verrons bien. Il ne veut pas parler, mettez-le à la question, comme dans le bon vieux temps.

LA COMTESSE.

Le rendre jaloux! lui renvoyer l'humiliation qu'il m'a fait subir! lui apprendre à souffrir à son tour!

PRÉVANNES.

Oui, il vous aime par trop niaisement, trop naturellement; c'est impardonnable.

LA COMTESSE.

Oui, l'idée est bonne, elle est juste; on n'agit pas

comme lui impunément. Oui, c'en est fait : j'ai trop souffert, mon parti est pris. Le rendre jaloux!

PRÉVANNES.

Certainement. Je vous dis, il est naïf, il est honnête, il est bon et faible. Il faut le désoler, le mettre au désespoir, il faut que justice se fasse.

LA COMTESSE.

Le rendre jaloux, mais de qui?

PRÉVANNES.

De qui vous voudrez.

LA COMTESSE.

Eh bien! de vous.

PRÉVANNES.

Cela ne se peut pas : il sait que j'aime votre cousine.

LA COMTESSE.

Il sait aussi qu'on peut être infidèle.

PRÉVANNES.

Les hommes ne savent point cela.

LA COMTESSE.

Vous me conseillez une vengeance, et vous n'osez m'aider à l'exécuter! Je vous dis que je suis décidée; monsieur le marquis de Prévannes, est-ce que vous avez peur?

PRÉVANNES.

Je ne crois pas.

LA COMTESSE.

Mettez-vous là, et faites ce que je vais vous dire.

PRÉVANNES.

Non, réellement, c'est impossible.

LA COMTESSE.

Cependant je ne peux me fier qu'à vous pour tenter, comme vous dites, une pareille épreuve. Je me charge de prévenir Marguerite. Vous seul êtes sans danger pour moi.

PRÉVANNES.

Par exemple, voilà qui est honnête! Je me rends; que voulez-vous que je fasse?

LA COMTESSE.

Mettez-vous là, et écrivez.

PRÉVANNES.

Tout ce que vous voudrez.

Il s'assied devant la table.

Pour ce qui est de prévenir votre cousine, je vous prie en grâce de n'en rien faire.

LA COMTESSE.

Pourquoi? Cela peut l'affliger.

PRÉVANNES.

Et si je veux faire aussi ma petite épreuve? Laissez-moi donc ce plaisir-là. Ne m'avez-vous pas dit qu'elle avait montré à mon égard, pour notre futur mariage, quelque chose... là... comme de l'hésitation?

LA COMTESSE.

Mais... oui.

PRÉVANNES.

Eh bien ! comme on dit, nous ferons d'une pierre deux coups.

LA COMTESSE.

Mais vous savez que Marguerite vous aime.

PRÉVANNES.

Valbrun ne vous aime-t-il pas ? Qu'en savez-vous d'ailleurs ?

LA COMTESSE.

Elle me l'a dit.

PRÉVANNES.

Non pas à moi.

LA COMTESSE.

Et vous voulez qu'elle vous le dise ? En vérité, vous êtes bien fat.

PRÉVANNES.

Peut-être.

LA COMTESSE.

Mais c'est une enfant.

PRÉVANNES.

Peut-être aussi.

LA COMTESSE.

Vous êtes bien cruel.

PRÉVANNES.

Peut-être encore, mais je voudrais en finir. Cette maison est celle de l'indécision; voilà trois mois que cela dure. Vous aimez Valbrun, il vous adore; Marguerite veut bien de moi, je ne demande qu'elle au monde ; il faut en finir aujourd'hui, oui, madame, oui, aujourd'hui même... Et, quand il y aurait dans tout ceci un peu de fatuité, un peu de gaieté, un peu de roucrie, si vous le voulez, eh, mon Dieu ! passez-moi cela... Songez donc que je vais me marier, c'est la dernière fois de ma vie qu'il m'est permis de rire encore, c'est ma dernière folie de jeune homme... Allons, madame, je suis à vos ordres.

LA COMTESSE.

Avant tout, vous êtes bien hardi ! Eh bien ! il faut que vous m'écriviez un billet.

PRÉVANNES.

Un billet ! c'est compromettant. Mais, si vous voulez le rendre jaloux, il vaut mieux que ce soit vous qui m'écriviez.

LA COMTESSE.

Et que voulez-vous que je vous dise ?

PRÉVANNES.

Mais... que vous me trouvez charmant... délicieux... plein de modestie... et que mes qualités solides...

LA COMTESSE.

Ne plaisantez pas, écrivez.

PRÉVANNES.

Je le veux bien ; mais je ne changerai rien à ce que je vais écrire, je vous en avertis.

Il écrit.

LA COMTESSE, le regardant écrire.

Ah! qu'est-ce que vous écrivez là?

PRÉVANNES.

Laissez-moi achever.

Il se lève.

Tenez, voilà tout ce que je peux faire pour vous.

LA COMTESSE.

Voyons.

Elle lit :

« Si je veux vous en croire, madame, vous m'aimez;
» mais est-ce assez de le dire? Vous êtes sûre de mon
» cœur; que rien ne retarde plus mon bonheur; ac-
» ceptez ma main, je vous en supplie! » En vérité,
Prévannes, vous plaisantez toujours. Quel usage voulez-vous que je fasse de ce billet-là? Il est inconvenant.

PRÉVANNES.

Comment, inconvenant?

LA COMTESSE.

Mais assurément : « Si je veux vous en croire... »
C'est d'une fatuité!

PRÉVANNES.

Eh! madame, pour une fois par hasard que je puis
être fat près de vous impunément, laissez-moi donc en
profiter!

LA COMTESSE, regardant à la fenêtre.

J'entends une voiture. C'est votre ami qui revient.

PRÉVANNES.

Mettez ce billet sur cette table, ici, avec d'autres chiffons. Ce sera un papier oublié.

LA COMTESSE.

Mais on n'oublie guère ceux-là.

PRÉVANNES.

J'admire en tout votre prudence; mais qu'il trouve ce papier, cela suffit. Est-ce que la jalousie raisonne? Le voici qui vient. Dites-lui deux mots, si vous voulez, puis retirez-vous, s'il vous plaît. Il faut que vous soyez fâchée. Fuyez, madame, disparaissez, évanouissez-vous comme une ombre!... comme une fée!... Je vous le répète, il n'y a rien de tel pour faire damner un honnête homme.

LA COMTESSE.

Je ne sais, vraiment, si j'aurai le courage.

PRÉVANNES.

Alors je vais déchirer ce billet.

LA COMTESSE.

Non pas. Mais votre projet...

PRÉVANNES.

Il est convenu. Voulez-vous le suivre, oui ou non?

LA COMTESSE.

Je le veux, je le veux, j'ai trop souffert! mais j'aime mieux ne lui point parler.

PRÉVANNES.

Eh bien! rentrez chez vous, enfermez-vous. Qu'on ne vous voie plus de la journée.

LA COMTESSE.

Mais...

PRÉVANNES.

Qu'on ne vous voie plus, vous dis-je ; ou je renonce à tout, je dis tout.

Au moment où le baron entre, la comtesse sort en le saluant froidement.

LA COMTESSE, bas, à Prévannes.

Oui, qu'il souffre à son tour ! s'il m'aimait...

PRÉVANNES.

Nous allons voir.

SCÈNE IX

PRÉVANNES, VALBRUN.

VALBRUN, restant quelque temps étonné.

Est-ce que la comtesse est fâchée contre moi ?

PRÉVANNES.

Je n'en sais rien.

VALBRUN.

Elle sort, et me salue à peine.

PRÉVANNES.

Elle avait quelque ordre à donner.

VALBRUN.

Non, son regard ressemblait à un adieu... et à un triste adieu... moi qui venais...

L'ANE ET LE RUISSEAU.

PRÉVANNES.

Dame! écoute donc; elle n'est peut-être pas contente. Tu ne l'as pas trop bien traitée ce matin.

VALBRUN.

Moi! je n'ai rien dit, que je sache...

PRÉVANNES.

Oh! tu as été très poli; quant à cela, il n'y a pas à se plaindre. Mais si tu crois que c'est avec ces manières-là...

VALBRUN.

Comment?

PRÉVANNES.

Ce n'est pas ce qu'on te demande.

VALBRUN.

Quel tort puis-je avoir? Elle m'a annoncé que rien ne s'opposait plus à notre mariage... et je lui ai répondu... que j'en étais ravi.

PRÉVANNES.

Oui, tu lui as dit que tu étais ravi, mais tu ne l'étais pas le moins du monde. Crois-tu qu'on s'y trompe?

VALBRUN.

Je n'en sais rien. Mais, en vous quittant tout à l'heure, je suis allé chez mon notaire, et j'ai pris tous mes arrangements pour ce mariage.

PRÉVANNES.

En vérité?

VALBRUN.

J'en viens de ce pas, et je n'ai point fait autre chose.

Qu'y a-t-il donc là de surprenant? Tu me regardes d'un air étonné.

PRÉVANNES.

Non pas, mais je craignais... je croyais...

VALBRUN.

Est-ce que ce n'était pas convenu? Est-ce que la comtesse, par hasard, serait capable de changer de sentiment?

PRÉVANNES.

Elle? oh! je te réponds que non. Mais est-ce que... véritablement... c'est incroyable...

A part.

Nous serions-nous trompés?

VALBRUN.

Qu'est-ce que tu vois d'incroyable?

PRÉVANNES.

Rien du tout, non, rien, c'est tout simple.

A part.

Je n'en reviens pas... après cette visite!...

VALBRUN.

Tu as l'air surpris, quoi que tu en dises.

PRÉVANNES.

Non.

VALBRUN.

Si fait, et je comprends pourquoi. C'est ma froideur, mon embarras, qui t'ont semblé singuliers ce matin.

PRÉVANNES.

Pas le moins du monde, et qu'importe dès l'instant que tu es décidé? Et tu l'es tout à fait?

VALBRUN.

Je ne conçois pas que tu en doutes.

PRÉVANNES.

Je n'en doute pas, et je t'en félicite.

Il lui prend la main.

Ainsi, Henri, nous sommes cousins... par les femmes... Cette parenté-là en vaut bien une autre... n'est-ce pas?

A part.

Les choses étant ainsi... c'est bien étrange... mais enfin... alors... Ce billet n'est plus bon à rien... Je vais le reprendre délicatement...

Il regarde sur la table.

Où l'ai-je fourré?

VALBRUN.

Que cherches-tu là?

PRÉVANNES.

Un papier. Veux-tu que je te dise? je croyais vraiment que tu hésitais...

VALBRUN.

Moi?

PRÉVANNES.

Oui.

A part.

Où diable l'ai-je mis? Ah! le voilà.

Il va pour le prendre.

VALBRUN, s'asseyant d'un air triste.

Ah! si j'ai hésité, tu sais bien pourquoi.

PRÉVANNES.

Comment!

VALBRUN.

Eh! sans doute, tu connais ma vie, tu sais parfaitement la raison...

PRÉVANNES.

Moi? pas du tout!

VALBRUN.

Ce fatal souvenir...

PRÉVANNES.

Quel souvenir?

VALBRUN.

Tu le demandes?

PRÉVANNES.

Bon! voilà madame Darcy. Vas-tu, pour la centième fois, m'en raconter la lamentable histoire?

VALBRUN.

Je ne vais pas te la raconter. Tu te moques de tout.

PRÉVANNES.

Non, mais je me moque, si tu le permets, de madame Darcy.

VALBRUN.

C'est bientôt dit... Si tu la connaissais!

PRÉVANNES.

Oui, je ferais là une jolie emplette!

VALBRUN.

Comme tu voudras... je l'ai aimée... Que ce soit une faute, une sottise, un ridicule, si tu le veux... mais je l'ai aimée, et le mal qu'elle m'a fait m'effraye malgré moi pour l'avenir... Je crains d'y retrouver le passé.

PRÉVANNES.

Eh! laisse donc là le passé! qui n'a pas le sien? Tu vas être heureux... Commence donc par tout oublier... Est-ce que tu es en cour d'assises pour qu'on te demande tes antécédents? Viens, viens regarder cet album... Il y a un dessin de Marguerite.

VALBRUN.

Je le connais... Ah! mon ami, si tu savais!...

PRÉVANNES.

Mais tu sais très bien que je sais...

Tenant à la main le billet qu'il a pris.

Ne dirait-on pas qu'il n'y a qu'une femme au monde? Madame Darcy t'a fait de la peine, elle a mal agi; elle t'a planté là, et, qui pis est, elle t'a menti. C'est une vilaine créature. Eh bien! après? Vas-tu en faire un épouvantail dont il n'y ait que toi qui s'effarouche? Tu ne te guériras donc jamais de cet empoisonnement-là?

VALBRUN, se levant.

Certes, si mon chagrin pouvait s'adoucir... si un peu d'espoir me revenait... si je croyais pouvoir oublier... ce serait dans cette maison.

PRÉVANNES.

Si tu pouvais, si tu croyais... Ah ça! tu n'es donc pas décidé?

VALBRUN.

Si fait; mais je tremble quand j'y pense.

PRÉVANNES, à part.

Je crois que je vais remettre mon billet à sa place.
Haut.

Mais enfin, oui ou non, la comtesse te plaît-elle?

VALBRUN.

Peux-tu en douter? Ce n'est pas plaire qu'il faut dire; elle me charme, elle m'enchante. Je ne connais personne au monde qui puisse soutenir la moindre comparaison.

PRÉVANNES.

Vrai?

VALBRUN.

Tu ne l'as pas appréciée...

PRÉVANNES.

Si fait.

VALBRUN.

Tu l'as vue en passant, à travers ton étourderie. Avec sa franchise, elle a de l'esprit; avec son esprit, elle a du cœur. C'est la grâce et la beauté mêmes... Quand je la regarde... je vois le bonheur dans ses yeux.

PRÉVANNES.

Que ne lui dis-tu tout cela plutôt qu'à moi? Est-ce que tu veux m'épouser?

VALBRUN.

Tes railleries n'y feront rien.

PRÉVANNES.

Tu l'aimes?

VALBRUN.

Je l'adore.

PRÉVANNES.

En ce cas là...

Il met le billet dans sa poche.

Elle est ici, à deux pas, dans sa chambre... Parbleu!... si j'étais à ta place...

VALBRUN, se rasseyant.

Je voudrais bien être à la tienne. Ah! tu es heureux, tu épouses Marguerite... tandis que moi...

PRÉVANNES, à part.

Voilà le vent qui tourne.

Haut.

J'épouse Marguerite... je n'en sais rien.

VALBRUN.

Non?

PRÉVANNES.

Non.

VALBRUN.

Est-ce possible! Une jeune fille si jolie, si aimable, un peu trop gaie parfois, mais pleine de mérite et de talents... fort riche... N'avais-tu pas engagé ta parole?

PRÉVANNES.

Et toi, qu'as-tu fait de la tienne?

VALBRUN.

Je n'ose pas, je ne peux pas, je n'oserai jamais... à moins que... pourtant...

PRÉVANNES, à part.

Que le diable l'emporte !

VALBRUN.

Si tu savais quel souvenir et quel pressentiment me poursuivent ! On peut bien être ridicule quand on aime, mais on ne l'est pas quand on souffre.

PRÉVANNES.

Et de quoi souffres-tu, je te prie ? Pousse cette porte, elle t'attend.

VALBRUN.

Oui, le bonheur est peut-être là, derrière cette porte... je ne puis l'ouvrir... je reculerais sur le seuil... l'espérance ne veut plus de moi.

PRÉVANNES.

Pousse donc cette porte, te dis-je ! Tiens, Henri, sais-tu, en ce moment, de quoi tu as l'air ? Tu ressembles, révérence parler, à un âne qui n'ose pas franchir un ruisseau.

VALBRUN.

Comme tu voudras. Toi qui te railles de ma souffrance, n'as-tu jamais été trahi ? Je veux croire, si cela te plaît, que tu n'as point rencontré de cruelles ; n'en as-tu pas trouvé de perfides, de malfaisantes ?

PRÉVANNES.

Quelquefois, comme un autre.

VALBRUN.

Ah! malheur à celle qui vous donne cette triste expérience! une femme inconstante devient notre bourreau. Insensible à tout ce qu'on souffre, c'est l'âme la plus dure, la plus implacable! En vous offrant son amitié, quand elle vous ôte son amour, elle croit s'acquitter de tout! et quelle amitié! Ce n'en est pas seulement l'apparence : nulle franchise, nulle confiance; ce n'est qu'un mensonge perpétuel, un supplice de tous les instants, trop heureux si l'on en mourait!

PRÉVANNES, à part.

Décidément, il faut avoir recours aux moyens héroïques; où mettrai-je cette lettre?... dans son chapeau?... Non, il pourrait deviner... Ah! j'y suis!... dans le mien.

Il met la lettre dans son chapeau.

Et pour qu'il la trouve...

Il prend le chapeau de Valbrun.

Adieu, Henri. Après tout, tu as peut-être raison. La comtesse, avec ses beaux yeux, n'en a pas moins la tête un peu légère!...

VALBRUN.

Le penses-tu?

PRÉVANNES.

Qui sait! elle est femme.

VALBRUN.

Mais encore... la crois-tu capable?...

PRÉVANNES.

Peut-être bien. Tout considéré, je te conseille d'aimer ailleurs. Tu ferais mieux, je crois, d'épouser Célimène...

VALBRUN.

Mais...

PRÉVANNES.

C'est le plus sage. Adieu, mon ami.

A part, en sortant.

Je ne le perdrai pas de vue.

SCÈNE XI

VALBRUN, seul.

Il a bien vite changé d'idée ! Qu'est-ce que cela signifie ? Il avait un air de mystère, et en même temps de raillerie... Bon ! C'est son humeur du moment... Il faut pourtant que je voie la comtesse... que je sache par quel motif elle m'a reçu si singulièrement... je donnerais tout au monde... Qu'ai-je donc fait de mon chapeau ?... Ah !... mais non, c'est celui d'Édouard. Cet étourdi a pris le mien.

Il trouve le billet.

Qu'est-ce là ? D'où vient ce papier ? Une lettre ! point d'adresse et point de cachet.

Il lit.

« Si je veux vous en croire... » Grand Dieu ! est-ce possible?... quoi! Édouard, mon ami d'enfance! une pareille trahison! Ah! je suis accablé, je suis anéanti! Qui l'aurait jamais pu prévoir? Édouard, la comtesse, me tromper ainsi! Voilà pourquoi il me raillait, pourquoi elle s'est enfuie. Oui, j'étais leur jouet, sans doute, leur passe-temps... Oh! je me vengerai... je vais le retrouver... je lui demanderai raison... Non, non, je ferai mieux d'entrer ici, je veux lui dire en face... Ah!...

SCÈNE XI

VALBRUN, MARGUERITE.

VALBRUN.

C'est vous, mademoiselle Marguerite! Venez, c'est le ciel qui vous envoie.

MARGUERITE.

Comment, le ciel? c'est ma cousine. Est-ce que M. de Prévannes est parti?

VALBRUN.

Oui, il vient de partir... ah! qu'il est heureux!... vous ne songez qu'à lui... vous l'aimez... Eh bien! sachez donc...

MARGUERITE.

Oh! je l'aime, je l'aime... halte-là! Vous décidez bien vite des choses. Mais qu'avez vous, bon Dieu? Vous me feriez peur.

VALBRUN.

Sachez qu'on nous trahit tous deux.

MARGUERITE.

Qui, tous deux?

VALBRUN.

Vous et moi.

MARGUERITE.

Et qui est le traître?

VALBRUN.

C'est mon perfide ami, votre indigne amant !

MARGUERITE.

Oh!... oh!... voilà des expressions!... C'est encore M. de Prévannes que vous baptisez de cette façon-là?

VALBRUN.

Oui, lui-même.

MARGUERITE.

Vous voulez rire.

VALBRUN.

Non pas, je n'en ai nulle envie.

MARGUERITE.

Et quelle est cette trahison?

VALBRUN.

Tenez, mademoiselle, lisez ce billet.

MARGUERITE, lisant.

« Si je veux vous en croire, madame... »

VALBRUN.

Voyez, je vous prie, voyez, mademoiselle, s'il était possible de s'attendre...

MARGUERITE, lisant.

« Que rien ne retarde plus mon bonheur... »

VALBRUN.

Qu'en pensez-vous ? A quelle femme ose-t-on écrire d'un pareil style ? Y a-t-il rien au monde de plus impertinent, de plus insolent ?

MARGUERITE.

A dire vrai...

VALBRUN.

N'est-il pas visible que, pour écrire ainsi à une femme, il faut s'en supposer le droit ? et encore peut-on l'avoir jamais ? Et la comtesse tolère un pareil langage ! Mademoiselle, il faut nous venger !

MARGUERITE, lisant toujours.

« Mais est-ce assez de me le dire !... »

VALBRUN.

Vous lisez attentivement.

MARGUERITE.

Oui, je m'écoute lire... Et vous voulez que nous nous vengions ? Comment cela ?

VALBRUN.

En les abandonnant, en rompant sans mesure avec eux. Ils nous trompent et se jouent de nous. — Si vous ressentez comme moi un tel outrage, oublions deux ingrats... Acceptez ma main.

MARGUERITE, avec distraction.

Votre main ?

VALBRUN.

Oui, j'ose vous l'offrir, et, si vous daignez l'accepter, je veux consacrer ma vie entière à effacer le souvenir odieux d'une trahison qui doit vous révolter.

MARGUERITE, lisant toujours.

Vous me consacrez votre vie entière?...

VALBRUN.

Oui, je vous le jure, et quand je donne ma parole, moi...

MARGUERITE.

Où avez-vous trouvé cette lettre?

VALBRUN.

Dans mon chapeau; c'est-à-dire non; dans le sien, car il s'est trahi par maladresse.

MARGUERITE.

Dans son chapeau!

VALBRUN.

Oui, là, sur cette chaise.

MARGUERITE.

Monsieur de Valbrun, on s'est moqué de vous.

VALBRUN.

Que voulez-vous dire? Cette lettre...

MARGUERITE.

Cette lettre ne peut être qu'une plaisanterie.

VALBRUN.

Une plaisanterie! Elle serait étrange! Et qui vous le fait supposer? Est-ce un complot, un piège qu'on me tend? Parlez, en êtes-vous instruite?

MARGUERITE.

Pas le moins du monde; mais c'est clair comme le jour.

VALBRUN.

Comment! Expliquez-vous, de grâce. Si c'est un piège, et si vous le savez...

MARGUERITE.

Non, je ne sais rien, mais j'en suis sûre.
Relisant la lettre.
« Si je veux vous en croire, madame... » Ah! ah! ah!
Elle rit.
Et vous prenez cela, ah! ah!... pour argent comptant!... Ah! ah! mon Dieu, quelle folie!... Et vous croyez que ma cousine... que M. de Prévannes... ah! ciel!... et vous ne voyez pas que c'est impossible!... ah! ah!

VALBRUN.

En vérité, je ne vois pas...

MARGUERITE, riant toujours.

Ah! ah! ah! ce pauvre baron... qui ne voit pas... qui ne s'aperçoit pas... Ah! ah! à cause de cela... Votre sérieux me fera mourir de rire. Et vous voulez m'épouser, ah! ah!... je vous demande pardon, mais c'est malgré moi... Ah! ah! mais c'est impossible!... Cela n'a pas le sens commun!... ah! ah!

VALBRUN.

Ma foi, mademoiselle, en vous montrant cette lettre,

je ne croyais pas tant vous égayer. Mais qu'il y ait un piège ou non là-dessous...

MARGUERITE.

Puisque je vous dis que je n'en sais rien.

VALBRUN.

Et je sais, moi, ce que j'ai à faire. Adieu, mademoiselle Marguerite.

MARGUERITE.

Où allez-vous? Venez avec moi, chez ma cousine, tout s'éclaircira.

VALBRUN.

Votre cousine, je ne la reverrai de mes jours... ni vous non plus... ni aucune personne... excepté une... Riez, si vous voulez!... Je souhaite que vous n'appreniez jamais ce qu'une trahison peut nous faire souffrir!... Ah!... je suis navré! désespéré!... Malheur à lui! malheur à moi!... Adieu, adieu, mademoiselle!

MARGUERITE.

Écoutez donc.

VALBRUN.

Adieu, adieu!

SCÈNE XII

MARGUERITE, seule; puis PRÉVANNES.

MARGUERITE.

Il s'en va tout de bon, comme un furieux. Pauvre

baron de Valbrun ! Il est peut-être à plaindre... Mais il est trop comique avec son désespoir... et ses offres... Ah ! c'est incroyable !

PRÉVANNES, à part.

Voilà donc cette petite rebelle, qui s'avise aussi d'hésiter, dit-on. Elle est bien gaie, à ce qu'il me semble... Parbleu, il faudra qu'elle parle aussi.

Haut.

Qu'est-ce donc ? qu'est-ce qui se passe ? Vous êtes bien joyeuse, mademoiselle... Marguerite, que vous riez ainsi toute seule.

MARGUERITE.

« Que vous riez ainsi... » Voilà encore de vos tournures de phrase à aile de pigeon. Quand apprendrez-vous l'orthographe ?... Quand donc vous démarquiserez-vous ?

PRÉVANNES.

Je ne peux pas, c'est la faute de mon père ; mais vous, petite marquise future, en bon gaulois Margot, de quoi vous gaussez-vous ?

MARGUERITE.

Je ne peux pas me fâcher, j'ai encore trop envie de rire. C'est M. de Valbrun qui sort d'ici...

PRÉVANNES.

Eh bien ?

MARGUERITE.

Il m'a montré une lettre...

PRÉVANNES.

Une lettre?

MARGUERITE.

Signée de votre nom... fort malhonnête, cela va sans dire... une lettre écrite à ma cousine...

PRÉVANNES.

Eh bien?

A part.

Voyons un peu cela.

Haut.

Je ne sais ce que vous voulez dire.

MARGUERITE.

Jouez donc l'ignorance à votre tour!... Vous ne m'aviez pas prévenue, c'est mal; mais ce n'en est que plus drôle; votre plaisanterie a réussi... on ne peut pas mieux... elle est cruelle... mais je comprends... Figurez-vous qu'il est... exaspéré!

PRÉVANNES.

Véritablement?

MARGUERITE.

Oui, il vous cherche... Oh! il faudra que vous lui rendiez raison!

PRÉVANNES.

Est-ce tout?

MARGUERITE.

Bon! c'est bien autre chose encore. Vous êtes à ses yeux le plus déloyal des marquis, et ma belle cousine, la plus perfide des comtesses ! Il renonce à tout, il nous abandonne... Il veut vous tuer, et m'épouser.

PRÉVANNES.

Vous épouser... lui-même ?

MARGUERITE.

Oui, monsieur.

PRÉVANNES.

Il faut qu'il soit bien en colère !... Et qu'avez-vous répondu à cela ?

MARGUERITE.

Je n'ai fait que rire... je n'y tenais plus.

PRÉVANNES.

Je ne vois rien là de si gai.

MARGUERITE.

Qu'est-ce que vous dites ?

PRÉVANNES.

Il est fâcheux qu'il vous ait montré cette lettre. Mais, puisque tout est découvert... si le mal est fait...

MARGUERITE.

Quoi donc ?

PRÉVANNES.

Il me tuera, s'il peut, et il vous épousera, s'il veut.

MARGUERITE.

Ah ! c'est là votre sentiment ?

PRÉVANNES.

Que voulez-vous ? si j'aime votre cousine, ce n'est pas ma faute ; c'était un secret. Vous ne m'aimez pas...

MARGUERITE.

Et vous?

PRÉVANNES.

Moi, cela me regarde. Tout cela est fâcheux, très fâcheux.

MARGUERITE.

Ah ça! parlez-vous sérieusement ou continuez-vous votre méchante plaisanterie?

PRÉVANNES.

Je la continue... sérieusement.

MARGUERITE.

Vous aimez ma cousine?

PRÉVANNES.

Oui, de tout mon cœur.

MARGUERITE.

Vous voulez l'épouser?

PRÉVANNES.

Pourquoi pas?

MARGUERITE.

Eh bien, monsieur, je suis fâchée de vous le dire, mais...

PRÉVANNES.

Qu'est-ce donc?

MARGUERITE.

Je n'en crois rien.

PRÉVANNES.

Vous n'en croyez rien?

MARGUERITE.

Non; vous n'êtes pas aussi féroce que vous le dites.

PRÉVANNES.

J'admire combien les petites filles...

MARGUERITE.

Monsieur!

PRÉVANNES.

Combien les jeunes personnes, veux-je dire, se croient aisément sûres de nous. Elles le sont, vraiment, plus que d'elles-mêmes.

MARGUERITE.

Plus que d'elles-mêmes?

PRÉVANNES.

Eh! sans doute. On les prendrait, à les entendre, pour des prodiges de pénétration, et, pour trois mots de politesse, les voilà qui perdent la tête.

MARGUERITE.

Si vous ne voulez que m'impatienter, vous commencez à réussir.

PRÉVANNES.

J'en serais désolé, mademoiselle, et, de peur que cela n'arrive, je me retire.

Il feint de s'en aller.

MARGUERITE, à part.

Est-ce qu'il parlerait tout de bon?

Haut.

Monsieur de Prévannes!

PRÉVANNES.

Mademoiselle !

MARGUERITE.

Vous épousez... sérieusement... ma cousine ?

PRÉVANNES.

Oui, mademoiselle.

MARGUERITE.

Croyez-vous que je m'en soucie ?

PRÉVANNES.

Je ne dis pas cela.

MARGUERITE.

Je m'en moque fort.

PRÉVANNES.

Je n'en doute pas.

MARGUERITE.

Non ; vous supposiez que cette nouvelle allait me désoler.

PRÉVANNES.

Point du tout.

MARGUERITE.

Que je vous ferais des reproches.

PRÉVANNES.

En aucune façon.

MARGUERITE.

Que je vous regretterais... que je m'affligerais...

<small>Près de pleurer.</small>

Que je pleurerais peut-être.

PRÉVANNES, à part.

O ciel!...

Haut.

Ma chère Marguerite...

MARGUERITE.

Il n'y a plus de Marguerite ni de Margot... Oui, vous le croyiez... vous l'espériez.

Prévannes veut lui prendre la main; elle la retire brusquement.

Non, je ne vous dirai rien, je ne vous reprocherai rien, mais c'est une infamie !

PRÉVANNES.

Mademoiselle...

MARGUERITE.

C'est une lâcheté! Ou vous mentez en ce moment, ou vous m'avez toujours trompée. Vous dites que je ne vous aime pas. Qu'en savez-vous? Je vous trouve plaisant d'oser décider là-dessus !

PRÉVANNES.

Écoutez-moi.

MARGUERITE.

Je ne veux rien entendre. Mais, s'il vous reste encore dans l'âme une apparence d'honnêteté, vous aurez plus de regrets que moi; car vous saurez que vous m'avez mal jugée, que vous vous trompiez gauchement en me croyant indifférente, que je suis loin de l'être, et que je..

SCÈNE XIII

Les Mêmes, LA COMTESSE.

LA COMTESSE, une lettre à la main.

Vous voilà ici, monsieur de Prévannes? Et je vois Marguerite tout émue.

MARGUERITE.

Moi, ma cousine? Pas le moins du monde.

LA COMTESSE.

Est-ce encore quelque nouvelle ruse, quelque épreuve de votre façon? Elles vous réussissent à merveille!... Tenez, je reçois cette lettre à l'instant.

PRÉVANNES, lisant.

« Il n'était pas nécessaire, madame, de prendre la » peine de feindre avec moi. Vous ne me reverrez de » ma vie, et vous n'aurez jamais à vous plaindre... »

LA COMTESSE.

Qu'en pensez-vous?

MARGUERITE.

Que se passe-t-il donc?

LA COMTESSE.

Tu le sauras. Eh bien, monsieur?

PRÉVANNES.

Eh bien, madame, je trouve cela parfait. — « Vous n'aurez jamais à vous plaindre... » C'est tout à fait honnête et modéré.

LA COMTESSE.

Vraiment! votre sang froid me charme. Avez-vous encore là-dessus quelque théorie à votre usage? Vous le voyez, M. de Valbrun n'a cru que trop facilement à votre lettre supposée, et, grâce à vos belles rouerics, comme vous les appelez, je perds non seulement l'amour, mais l'estime du seul homme que j'aime.

MARGUERITE, à Prévannes.

Comment! monsieur, vous me trompiez tout à l'heure? Rien n'était vrai dans tout ceci? Vous vous êtes joué de moi comme d'un enfant?... Allez, c'est une indignité!

PRÉVANNES.

Oui, oui, c'est une indignité; mais, moyennant cela, vous m'avez avoué...

MARGUERITE.

Je ne l'ai pas dit.

PRÉVANNES.

Non, mais je l'ai entendu.

A la comtesse.

Madame, mademoiselle Marguerite et moi, nous nous sommes enfin expliqués ensemble, et nous sommes parfaitement d'accord.

MARGUERITE.

Moins que jamais. J'étais tout à l'heure comme le baron; maintenant je suis comme ma cousine. Jamais je ne vous pardonnerai.

PRÉVANNES.

Vous me pardonnerez plus que vous ne pensez.

LA COMTESSE.

Il n'est plus temps de plaisanter, monsieur de Prévannes; j'attends de vous une démarche nécessaire. Vous avez causé tout le mal, c'est à vous de le réparer.

PRÉVANNES.

Sûrement, madame, sûrement. Que faut-il faire, s'il vous plaît?

LA COMTESSE.

Vous le demandez? M. de Valbrun a le droit de m'accuser de perfidie; il faut le désabuser avant tout.

PRÉVANNES.

Oui, madame.

MARGUERITE.

Mais tout de suite.

PRÉVANNES.

Oui, mademoiselle.

LA COMTESSE.

Il faut dire toute la vérité, dût-elle me compromettre moi-même.

MARGUERITE.

Oui, dût-elle nous compromettre.

PRÉVANNES.

Fort bien, je vous compromettrai.

LA COMTESSE.

Voyez, monsieur, voyez à quels dangers m'expose votre légèreté! Même en ne me trouvant pas coupable, que va penser de moi M. de Valbrun? Quelle faute vous m'avez fait commettre! J'en dois sans doute accuser ma faiblesse; elle a été bien grande, elle est inexcusable; mais, sans vos malheureux conseils, Dieu m'est témoin que l'idée du mensonge n'aurait jamais approché de moi.

PRÉVANNES.

J'en suis tout à fait convaincu.

MARGUERITE.

Voyez, monsieur, à quoi sert de mentir!

PRÉVANNES.

Je suis confondu; ne m'accablez pas.

LA COMTESSE.

Eh bien! monsieur, qu'attendez-vous?

PRÉVANNES.

Pour quoi faire, madame?

LA COMTESSE.

Quoi! n'est-ce pas dit? Aller chez M. de Valbrun.

PRÉVANNES.

C'est inutile, je ne le trouverais pas.

LA COMTESSE.

Pour quelle raison?

PRÉVANNES.

Parce qu'il va venir.

LA COMTESSE.

Perdez-vous l'esprit? et cette lettre

PRÉVANNES.

C'est justement d'après cette lettre que je l'attends.

LA COMTESSE.

Il me jure qu'il ne me reverra jamais.

PRÉVANNES.

C'est ce que je dis. Il ne peut pas tarder.

LA COMTESSE.

Je vous ai déjà déclaré que vos plaisanteries sont hors de saison.

PRÉVANNES.

Je ne plaisante pas du tout... Ah ! vous vous imaginez, belle dame, qu'on perd une femme comme vous, qu'on s'en éloigne, qu'on l'oublie, qu'on se distrait !... Non pas, non pas, il en coûte plus cher ; cela ne se passe pas ainsi. Vous ne nous connaissez pas, nous autres amoureux ! Pendant que nous sommes ici à causer, savez-vous ce que fait ce pauvre Valbrun ? Il est d'abord rentré chez lui furieux, il a juré de se venger de moi, de vous, de toute la terre ; ensuite, il a pleuré... oh ! il a pleuré. Puis il a marché à grands pas dans sa chambre ; il a pensé à faire un voyage, puis, pour ne pas se déranger, à se brûler la cervelle. Là-dessus, par simple convenance, il a bien vu qu'il ne pouvait pas mourir sans vous voir une dernière fois. Il a bien songé aussi à vous écrire ; mais que peut-on dire, en un volume, qui vaille un regard de l'objet aimé ? Donc il a pris et quitté vingt fois son chapeau, — c'est-à-dire le mien ; — enfin, s'armant de courage, il l'a mis sur sa tête, il est résolument descendu de chez lui ; une fois dans la rue, le trouble, le dépit, une juste fierté, l'ont peut-être retardé en route; cependant il vient, il approche, déjà il n'est plus temps de revenir sur ses pas; il est trop près de vous, il est sous le charme; il ne dépend plus de lui de ne pas vous voir; son cœur l'entraîne, et... tenez, tenez, le voilà qui entre dans la cour.

LA COMTESSE.

Serait-il vrai?

PRÉVANNES.

Voyez vous-même.

LA COMTESSE, troublée.

Monsieur de Prévannes... il va venir.

PRÉVANNES.

Eh! oui, c'est ce que je vous disais. Vous connaissez sa prudence ordinaire dans votre escalier. Mais comme cette fois il est au désespoir, il pourrait bien monter plus vite.

LA COMTESSE.

Monsieur de Prévannes...

PRÉVANNES.

Je vous entends. Vous ne voudriez pas vous montrer tout d'abord, n'est-ce pas? Je me charge de le recevoir.

LA COMTESSE.

Prenez bien garde, au moins...

PRÉVANNES.

Soyez sans crainte; retirez-vous un peu ici près, et rappelez-vous ce que je vous ai dit tantôt : ou vous me tiendrez pour le dernier des hommes, ou nous serons tous mariés... quand il vous plaira, si toutefois...

Il salue Marguerite.

MARGUERITE.

Je n'ai rien dit.

LA COMTESSE.

Viens, Marguerite.

PRÉVANNES.

N'allez pas trop loin, je n'ai que deux mots à lui dire.

LA COMTESSE.

Deux mots?

PRÉVANNES.

Pas davantage; ne vous éloignez pas.

SCÈNE XIV

PRÉVANNES, seul; puis VALBRUN.

PRÉVANNES, seul.

Maintenant, Valbrun, à nous deux ! Il y a bien assez longtemps que tu m'impatientes et que tu retardes tous nos projets; cette fois, morbleu! je te tiens, et, mort ou vif, tu te marieras.

VALBRUN.

C'est vous, monsieur ?

PRÉVANNES.

Comme vous voyez. Ce n'est peut-être pas moi que vous cherchiez ?

VALBRUN.

Pardonnez-moi, monsieur, c'est vous-même, et vous savez sans doute ce que j'ai à vous dire.

PRÉVANNES.

Pas encore, mais il ne tient qu'à vous...

VALBRUN.

Je vous rapporte votre chapeau.

PRÉVANNES, reprenant son chapeau.

Bien obligé, j'en étais inquiet.

VALBRUN, lui montrant sa lettre.

Cette lettre est de votre main?

PRÉVANNES.

Oui, monsieur.

VALBRUN.

Et vous comprenez ce qu'elle a d'outrageant pour moi.

PRÉVANNES.

Je ne pense pas qu'il y soit question de vous.

VALBRUN.

Et vous savez aussi, je suppose, de quel nom mérite d'être appelé celui qui a osé l'écrire?

PRÉVANNES.

De quel nom?... Le nom est au bas.

VALBRUN.

Oui, monsieur; c'était celui d'un homme que j'ai aimé depuis mon enfance, en qui j'avais confiance entière, qui a été, en toute occasion, le confident de mes plus secrètes, de mes plus intimes pensées, et que je ne peux plus appeler maintenant que du nom de traître et de faux ami.

PRÉVANNES.

Passons, s'il vous plaît, sur les qualités.

VALBRUN.

Non seulement il m'a trahi; mais, pour le faire, il s'est servi de mon amitié même et de ma confiance.

PRÉVANNES.

Passons, de grâce.

VALBRUN.

Prétendez-vous me railler?

PRÉVANNES.

Non, monsieur, je vous jure.

VALBRUN.

Que répondrez-vous donc qui puisse excuser votre conduite dans cette maison?

PRÉVANNES.

Je ne vois pas qu'elle soit mauvaise.

VALBRUN.

Sans doute... Elle vous a réussi! Et vous êtes apparemment au-dessus de ces petites considérations de bonne foi et de délicatesse que le reste des hommes...

PRÉVANNES.

Mille pardons. Je vous ai déjà prié de passer là-dessus. Un moment de dépit peut avoir ses droits, mais il ne faut pas en abuser.

VALBRUN.

Je n'en saurais tant dire, monsieur, que vous n'en méritiez davantage.

PRÉVANNES.

Soit, mais j'en ai entendu assez, et, si vous n'avez rien à ajouter...

VALBRUN.

Ce que j'ai à ajouter est bien simple. Je vous demande raison.

PRÉVANNES.

Je refuse.

VALBRUN.

Vous refusez?... Je ne croyais pas que, pour faire tirer l'épée à M. de Prévannes, il fallait le provoquer deux fois.

PRÉVANNES.

Cent fois, s'il ne veut pas la tirer.

VALBRUN.

Et quel est le prétexte de ce refus?

PRÉVANNES.

Le prétexte? Et quel est, s'il vous plaît, celui de votre provocation?

VALBRUN.

Quoi! vous m'enlevez la comtesse...

PRÉVANNES.

Est-ce que vous êtes son parent, ou son amant, ou son mari, ou seulement un de ses amis?

VALBRUN.

Je suis... oui, je suis un de ses amis, un de ceux qui l'aiment le plus au monde, et j'ai le droit...

PRÉVANNES.

Un instant, permettez. J'ai pu faire, il est vrai, ma cour à la comtesse; mais vous concevez que s'il faut, à cause de cela, que je me batte avec tous ses amis...

VALBRUN.

Je suis plus qu'un ami pour elle... Je devais l'épouser...

PRÉVANNES.

Que ne l'avez-vous fait? Qui vous en empêchait?

VALBRUN.

Qui m'en empêchait, quand tout mon amour, toute ma foi en la parole donnée n'était pour vous qu'un sujet de raillerie? Lorsque vous me regardiez à plaisir tomber dans le piège que vous m'avez tendu! lorsque vous abusiez, jour par jour, de ma patiente crédulité! lorsque vous étiez là, tous deux, déjà d'accord, sans doute, tandis que moi, seul, seul avec ma souffrance, seul, si on l'est jamais quand on aime!...

PRÉVANNES.

Nous retombons dans l'avant-propos.

VALBRUN.

Édouard! c'est toi qui m'as traité ainsi!

PRÉVANNES.

Je croyais, monsieur, que tout à l'heure vous me donniez un autre nom.

VALBRUN.

Oui, monsieur, vous avez raison. Vous me rappelez mes paroles, et, puisqu'il vous plaît de n'y point répondre...

PRÉVANNES.

Je ne réponds point à des paroles sans but, sans consistance et sans raison.

VALBRUN.

Sans but! C'est vous qui refusez de vous battre.

PRÉVANNES.

Je ne refuse pas absolument. Je demande à quel titre vous me provoquez.

VALBRUN.

Eh bien! puisqu'il en est ainsi...

PRÉVANNES.

Oui, certes, je demande encore une fois si vous êtes le frère, ou l'amant, ou le mari de la comtesse, et, si vous n'êtes rien de tout cela, je tiens pour nulles vos forfanteries. Il n'entre pas dans mes habitudes de me couper la gorge avec le premier venu.

VALBRUN.

Le premier venu, juste ciel!

PRÉVANNES.

Eh! sans doute; qu'êtes-vous de plus? Un ami de la maison, d'accord; une connaissance agréable sans doute, qu'on rencontre peut-être un peu trop souvent chez une jolie femme vive, légère, un peu perfide, j'en conviens, d'une réputation à demi voilée...

VALBRUN.

Parlez-vous ainsi de la comtesse?

PRÉVANNES.

Pourquoi donc pas? Sur ce point-là aussi, allez-vous encore me chercher chicane?

VALBRUN.

Oui, morbleu, c'est trop! J'ai pu supporter vos froides et cruelles railleries, mais vous insultez une femme que j'estime et que vous devriez respecter, puisque vous dites que vous l'aimez; venez, monsieur, entrons chez elle. Je n'ai pas, dites-vous, le droit de la défendre; eh bien! ce droit que j'ai perdu, que vous m'avez ravi, que j'avais hier, je le lui redemanderai, fût-ce pour un instant, et elle me le rendra, je n'en doute pas. Toute perfide qu'elle est, je connais son cœur, et, malgré toutes vos trahisons, je l'ai tant aimée, qu'elle doit m'aimer encore. Je devais être son époux, je pouvais presque en porter le titre; qu'elle me le prête un quart d'heure, me rendrez-vous raison? Venez, monsieur, entrons ici.

Il va pour ouvrir la porte de la chambre de la comtesse.

PRÉVANNES, l'arrêtant.

Dis donc, Henri, te souviens-tu que ce matin je te comparais à un âne qui n'ose pas franchir un ruisseau?

VALBRUN.

Qu'est-ce à dire?

PRÉVANNES.

Eh! le voilà, le ruisseau : c'est cette porte; allons,

pousse-la donc! Ce n'est pas sans peine que nous y sommes parvenus.

<small>Il pousse la porte. Entrent la comtesse et Marguerite.</small>

SCÈNE XV

PRÉVANNES, VALBRUN, LA COMTESSE, MARGUERITE.

PRÉVANNES.

Venez, venez, perfide comtesse. Voici un galant chevalier qui réclame le titre d'époux, seulement, dit-il, pour un quart d'heure, afin d'avoir le droit de m'envoyer en terre.

VALBRUN.

Est-il possible que je me sois abusé à ce point?

MARGUERITE.

Ah! Dieu! j'ai eu bien peur, toujours!

PRÉVANNES.

Vous nous écoutiez donc?

MARGUERITE.

Oui, oui.

LA COMTESSE.

J'ai de grands torts envers vous, monsieur de Valbrun. Votre ami m'a donné un méchant conseil, et je vous demande pardon de l'avoir suivi.

PRÉVANNES.

Pas si méchant, madame. Vous conviendrez du moins que je vous ai tenu parole.

A Valbrun.

Mon ami, pardonne-moi aussi, en faveur de toutes les injures que tu m'as dites.

VALBRUN.

Ah! madame, je suis seul coupable d'avoir pu douter un instant de vous.

Il lui baise la main.

PRÉVANNES, à Marguerite.

Et nous, Margot, nous pardonnons-nous?

MARGUERITE.

Si j'y consens, c'est par bonté d'âme.

PRÉVANNES.

Et moi, c'est pure compassion... Allons, tâchons de nous consoler de tout le chagrin que nous nous sommes fait.

1855.

LETTRES

LETTRES

I

A M. PAUL FOUCHER, A PARIS.

Non, mon vieil ami, je ne t'ai pas oublié; tes malheurs ne m'ont pas éloigné de toi, et tu me trouveras toujours prêt à te répondre, que tu demandes des pleurs ou des ris, que tu aies à me faire partager ta joie ou ta douleur. As-tu pu croire un instant que ton amitié me fût importune? — Tu as eu tort, car je n'aurais pas eu, à ta place, une semblable idée. — Et, d'ailleurs, me crois-tu plus favorisé que toi de la fortune? Écoute, mon cher ami, écoute ce qui m'arrive.

J'avais à peine expédié mon examen, que je pensais aux plaisirs qui m'attendaient ici. Mon diplôme de bachelier rencontra dans ma poche mon billet de diligence, et l'un n'attendait que l'autre. Me voici au Mans ; je cours chez mes belles voisines ; tout s'arrange à merveille. On m'emmène dans un vieux château. — Un maudit catarrhe oublié depuis six mois reprend ma grand'mère. Je reçois une lettre qui m'annonce qu'elle est en danger, et, huit jours après, une seconde lettre vient m'avertir de prendre le deuil. — Voilà donc à quoi tient le plaisir et le bonheur de cette vie! Je ne puis te dire quelles affreuses réflexions m'a fait faire cette mort arrivée si vite. — Je l'avais laissée, quinze jours auparavant, dans une grande bergère, causant avec esprit et pleine de santé ; et, maintenant, la terre recouvre son corps. Les larmes que sa mort fait répandre à ceux qui l'entouraient seront bientôt sèches ; et voilà pourtant le sort qui m'attend, qui nous attend tous! Je ne veux point de ces regrets de commande, de cette douleur que l'on quitte avec les habits de deuil. J'aime mieux que mes os soient jetés au vent ; toutes ces larmes feintes ou trop promptement taries ne sont qu'une affreuse dérision.

Mon frère est reparti pour Paris. Je suis resté seul dans ce château, où je ne puis parler à personne qu'à mon oncle, qui, il est vrai, a mille bontés pour moi ; mais les idées d'une tête à cheveux blancs ne sont pas celles d'une tête blonde*. C'est un homme excessivement instruit ; quand je lui parle des drames qui me

---

* Le marquis Louis-Alexandre de Musset, membre du corps législatif et de la première Chambre des députés de la Restauration (de

plaisent ou des vers qui m'ont frappés, il me répond :
« Est-ce que tu n'aimes pas mieux lire tout cela dans
quelque bon historien? Cela est toujours plus vrai et
plus exact. »

Toi qui as lu l'*Hamlet* de Shakspeare, tu sais quel
effet produit sur lui le savant et érudit Polonius! —
Et pourtant cet homme-là est bon; il est vertueux, il
est aimé de tout le monde; il n'est pas de ces gens pour
qui le ruisseau n'est que de l'eau qui coule, la forêt
que du bois de telle ou telle espèce, et des cents de fagots. — Que le ciel les bénisse! ils sont peut-être plus
heureux que toi et moi.

Je m'ennuie et je suis triste. Je ne te crois pas plus
gai que moi; mais je n'ai pas même le courage de travailler. Eh! que ferais-je? Retournerai-je quelque position bien vieille? Ferai-je de l'originalité en dépit de
moi et de mes vers? Depuis que je lis les journaux (ce
qui est ici ma seule récréation), je ne sais pas pourquoi
tout cela me paraît d'un misérable achevé! Je ne sais
pas si c'est l'ergoterie des commentateurs, la stupide
manie des arrangeurs qui me dégoûte, mais je ne voudrais pas écrire, ou je voudrais être Shakspeare ou
Schiller. Je ne fais donc rien, et je sens que le plus
grand malheur qui puisse arriver à un homme qui a
les passions vives, c'est de n'en avoir point. Je ne suis

1809 à 1814), mort en 1839 à l'âge de quatre-vingt-six ans, n'était
que l'*oncle à la mode de Bretagne* d'Alfred de Musset, c'est-à-dire le
cousin germain de son père.

point amoureux, je ne fais rien, rien ne me rattache ici. Je donnerais ma vie pour deux sous, si, pour la quitter, il ne fallait point passer par la mort.

Voici les tristes réflexions que j'entretiens. Mais j'ai l'esprit français, je le sens. — Qu'il arrive une jolie femme, j'oublierai tout le système amassé pendant un mois de misanthropie. — Qu'elle me fasse les yeux en coulisse, et je l'adorerai pendant, — au moins pendant six mois. — L'âge me mûrira, j'espère, car je suis bon à jeter à l'eau.

Je donnerais vingt-cinq francs pour avoir une pièce de Shakspeare ici en anglais. Ces journaux sont si insipides, — ces critiques sont si plats! Faites des systèmes, mes amis, établissez des règles; vous ne travaillez que sur les froids monuments du passé. Qu'un homme de génie se présente, et il renversera votre échafaudage; il se rira de vos poétiques. — Je me sens, par moments, une envie de prendre la plume et de salir une ou deux feuilles de papier; mais la première difficulté me rebute, et un souverain dégoût me fait étendre les bras et fermer les yeux. Comment me laisse-t-on ici si longtemps! J'ai besoin de voir une femme; j'ai besoin d'un joli pied et d'une taille fine; j'ai besoin d'aimer. — J'aimerais ma cousine, qui est vieille et laide, si elle n'était pas pédante et économe.

Je t'écris donc pour te faire part de mes dégoûts et de mes ennuis. Tu es le seul lien qui me rattache à quelque chose de remuant et de pensant; tu es la seule chose qui me réveille de mon néant et qui me reporte vers un idéal que j'ai oublié par impuissance. Je n'ai plus le courage de rien penser. Si je me trouvais dans ce moment-ci à Paris, j'éteindrais ce qui me reste d'un peu noble dans le punch et la bière, et je me sentirais soulagé. — On endort bien un malade avec de l'opium, quoiqu'on sache que le sommeil lui doive être mortel. — J'en agirais de même avec mon âme.

N'y a-t-il pas ici quelque vieille tête à perruque et à système, pour me dire : « Tout cela est de votre âge, mon enfant. J'ai été comme cela aussi dans ma jeunesse. Il vous faut un peu de distraction, pas trop ; et puis vous ferez votre droit, et vous entrerez chez un avoué. » — Ce sont ces gens-là que j'étranglerais de mes mains. La nature a donné aux hommes le type de tout ce qui est mal : la vipère et le hibou sont d'horribles créations; mais qu'un être qui pourrait sentir et aimer, éloigne de son âme tout ce qui est capable de l'orner, et appelle *aimer* un passe-temps, — et *faire son droit* une chose importante ! — anatomistes qui disséquez les valvules triglochines, dites-moi si ce n'est pas là un polype ?

Tu vois que je t'écris tout ce qui me passe par la tête ; fais-en autant, je t'en prie. J'ai besoin de tes lettres ; je veux savoir ce qui se passe dans ton âme, comme tu sais tout ce qui se passe dans la mienne. Sans doute, elles se ressemblent beaucoup. — Nous sommes animés du même souffle. — Pourquoi celui qui nous l'a donné le laisse-t-il si imparfait? Je ne puis souffrir ce mélange de bonheur et de tristesse, cet *amalgame de fange et de ciel.* — Où est l'harmonie, s'il manque des touches à l'instrument? Je suis *sou*, las, assommé de mes propres pensées; il ne me reste plus qu'une ressource, c'est de les écrire. — Mais je partirai peut-être dans quelques jours. Où irai-je? je n'en sais rien. — Si je retourne au Mans, je m'en vais trouver tout le monde dans la tristesse; ma grand'mère morte, toute la famille en pleurs, maman, mon oncle (Desherbiers); et, au milieu de tout cela, mon grand-père demandant à chaque instant : « Où est ma femme? » et ajoutant : « J'espère qu'elle n'est pas indisposée*. »

A propos, j'ai obtenu, à ce qu'il paraît, chez M. Caron, les honneurs du triomple**! Heureux, trois fois heureux celui qu'une pareille jouissance pourrait occuper un moment! Pourquoi la nature m'a-t-elle donné la soif d'un idéal qui ne se réalisera pas? — Non, mon ami, je ne peux pas le croire; j'ai cet orgueil : ni toi ni moi ne sommes destinés à ne faire que des avocats estimables ou des avoués intelligents. J'ai au fond de l'âme

---

* Le grand-père Guyot-Desherbiers, alors âgé de quatre-vingt-deux ans, ne survécut que six mois à sa femme, dont on réussit à lui faire ignorer la mort jusqu'à son dernier jour.

** Alfred de Musset avait été pendant trois ans en demi-pension chez M. Caron, chef d'une petite institution située rue Cassette. Bien qu'il ne fût plus au nombre des élèves lorsqu'il obtint son prix de dissertation latine au concours général, l'institution Caron ne laissa pas de célébrer sa victoire.

un instinct qui me crie le contraire. Je crois encore au bonheur, quoique je sois bien malheureux dans ce moment-ci. J'attends ta réponse avec impatience, et je souhaite de tout mon cœur pouvoir l'entendre de vive voix.

Adieu, mon cher ami.
  Tout à toi.

ALFRED.

Au château de Cogners, le 23 septembre 1827*.

---

* On voit, par cette date, qu'au moment où il écrivait cette lettre, l'auteur n'avait pas encore dix-sept ans.

II

A M. DESHERBIERS, AU MANS.

Je t'envoie, mon cher oncle, ces poèmes dont tu as entendu une partie. Lire et entendre sont deux, comme tu sais; mais tu ne seras pas pour eux plus sévère que moi, et je te demande toute la franchise possible.

Je te demande grâce pour des phrases contournées; je m'en crois revenu. Tu verras des rimes faibles; j'ai eu un but en les faisant, et sais à quoi m'en tenir sur leur compte; mais il était important de se distinguer de cette école *rimeuse*, qui a voulu reconstruire et ne s'est adressée qu'à la forme, croyant rebâtir en replâtrant.

Ma préface est impertinente; cela était nécessaire pour l'effet; mais elle n'attaque personne, et il est très facile de lui prêter différents sens.

Quant aux rythmes brisés des vers, je pense là-dessus qu'ils ne nuisent pas dans ce que l'on peut appeler le récitatif, c'est-à-dire la *transition* des sentiments ou des actions. Je crois qu'ils doivent être rares dans le reste. Cependant Racine en faisait usage.

Je te demanderai de t'attacher plus aux compositions qu'aux détails; car je suis loin d'avoir une manière arrêtée. J'en changerai probablement plusieurs fois encore.

J'ai retranché du dernier poème plusieurs choses un peu trop matérialistes, et y ai laissé dominer le *dandysme*, qui est moins dangereux. Je cherche à éviter les ennemis, et n'y réussirai très probablement pas; mais je crois que jusqu'à présent, mon père, qui lit les journaux très exactement, a plus peur que moi. La critique juste donne de l'élan et de l'ardeur. La critique injuste n'est jamais à craindre. En tout cas, j'ai résolu d'aller en avant, et de ne pas répondre un seul mot.

Tout cela d'abord est assez amusant; je ne peux pas m'empêcher de rire toutes les fois que je me rencontre étalé.

J'attends tes avis. Mes amis m'ont fait des éloges que j'ai mis dans ma poche de derrière. C'est à quatre ou cinq conversations avec toi que je dois d'avoir réformé mes opinions sur des points très importants; et depuis j'ai fait bien d'autres réflexions. Mais tu sais qu'elles ne vont pas encore jusqu'à me faire aimer Racine.

Adieu donc, mon bon oncle. Aime-moi toujours, et crois que je te le rends du meilleur de mon cœur. Je n'ai qu'un regret; c'est de ne t'avoir pas auprès de moi pour me servir de guide et d'ami.

Ton neveu,

ALFRED DE MUSSET.

Janvier 1830.

III

A SON FRÈRE, A AIX EN SAVOIE.

Mon cher ami,

Hier matin, j'ai été chez notre voisin Alfred Belmont, faire une partie d'impériale. Il arrivait d'Aix, où il t'avait laissé, m'a-t-il dit, souffrant d'un rhume que tu as gagné en allant à la Chartreuse. Je te reconnais bien là. Garde-toi, en écrivant à ma mère, de lui parler de ce rhume. Elle est déjà assez inquiète dès que tu bouges de la maison. Tu me demandes à quoi j'emploie mon temps, je ne l'emploie pas, je le passe, ou je le tue; c'est déjà assez difficile. Cependant je dois dire que nous discutons beaucoup, je trouve même qu'on perd trop de temps à raisonner et épiloguer. J'ai rencontré Eugène Delacroix, un soir en rentrant du spectacle; nous avons causé peinture, en pleine rue, de sa porte à la mienne, et de ma porte à la sienne, jusqu'à deux heures du matin; nous ne pouvions pas nous séparer. Avec le bon Antony Deschamps, sur le boulevard, j'ai discuté de huit heures du soir à onze heures. Quand je sors de chez Nodier ou de chez Achille (Devéria), je discute tout le long des rues avec l'un ou l'autre. En sommes-nous plus avancés? En fera-t-on un vers meilleur dans un poème, un trait meilleur dans un tableau? Chacun de nous a dans le ventre un certain son qu'il peut rendre, comme un violon ou une clarinette. Tous les raisonnements du monde ne pourraient faire sortir du gosier d'un merle la chanson du sansonnet. Ce qu'il faut à l'artiste ou au poète, c'est l'émotion. Quand j'éprouve, en faisant un vers, un certain battement de cœur que je connais, je suis sûr que mon vers est de la meilleure qualité que je puisse pondre.

Dimanche, après le dîner, je bâillais comme une huître dans la grande allée des Tuileries, quand j'ai aperçu les demoiselles *** assises au pied d'une caisse d'oranger. Je les ai abordées et je me suis assis près de la plus jeune. Elle avait un petit chapeau blanc avec des rubans verts. Tout ce qu'elle disait était charmant d'ignorance. On sent dans ses regards je ne sais quoi de frais et de tendre dont elle ne se doute pas. Elle ne connaît pas plus l'amour qui est en elle qu'une fleur ne connaît son parfum. La beauté d'une jeune fille a quelque chose d'indéfinissable. Je suis resté une heure à côté de cette enfant; il me semblait que je m'étais glissé à l'abri sous les ailes de son ange gardien. En quittant ces dames, parce que la retraite sonnait, je suis allé au Café de Paris. J'y ai trouvé M... en train de parier qu'il fumerait deux cigares à la fois jusqu'au bout sans les ôter de sa bouche et sans cracher. Ce pari m'a paru si bête que je suis parti. Horace de V... m'a accompagné jusqu'à ma porte. Il m'a appris une chose que je ne savais pas, c'est que depuis mes derniers vers*, ils disent tous que je suis converti; converti à quoi? s'imaginent-ils que je me suis confessé à l'abbé Delisle ou que j'ai été frappé de la grâce en lisant Laharpe? On s'attend sans doute que, au lieu de dire : « prends ton épée et tue-le, » je dirai désormais : « arme ton bras d'un glaive homicide, et tranche le fil de ses jours. » Bagatelle pour bagatelle, j'aimerais encore mieux recommencer les *Marrons du feu* et *Mardoche*.

Adieu, mon cher ami. Je sais qu'il y a beaucoup de jolies baigneuses à Aix, madame de V..., madame d'A..., etc., et que tu fais le coquet avec ces dames. Je t'autorise à les embrasser toutes pour moi.

Ton frère et ami

ALF. M.

Jeudi, 4 août (1831).

* Les *Vœux stériles* et *Octave*.

IV

A M. ÉMILE DESCHAMPS.

17 décembre (1832).

Monsieur,

Si les mauvais vers ne vous font pas peur et que la veille de Noël ne vous trouve pas engagé dans quelque réveillon, vous seriez bien bon et bien aimable de venir écouter des poèmes qui ont besoin plus que personne qu'on ne les abandonne pas. Je vous demande deux choses bien faciles à vous : complaisance et indulgence.

Je vous ai promis. — Ne me faites pas défaut, non plus qu'à cette bonne camaraderie qui honore tant les uns et désole tant les autres.

Je vous prie de croire à mon entier dévouement.

A. DE MUSSET.

La séance de lecture dont il est question dans cette lettre eut lieu le 24 décembre 1832. Alfred de Musset y lut son poème de *la Coupe et les Lèvres* et la comédie *A quoi rêvent les jeunes filles*.

V

A M. MAXIME JAUBERT.

Monsieur,

J'ai essayé ce matin de changer quelque chose à la strophe que vous m'avez donnée et dont vous n'êtes pas content. Après l'avoir retournée de toutes les façons, je trouve que je n'y saurais rien faire de mieux, et qu'il faudrait simplement la conserver. Cependant je vous soumets ce que j'ai pu faire et dont, à votre tour, vous ferez ce que vous voudrez.

S'il est nécessaire, pour le sens général, de conserver le premier vers, comme liaison avec la strophe précédente, on pourrait mettre :

> Que l'égoïste seul au chagrin soit en proie,
> Quand le sage au banquet s'abandonne à la joie,
> Que sur le flot qui passe il répande son pain ;
> Il le retrouvera dans un jour de misère.
> Le malheur porte un voile, et nul homme sur terre
>   N'est sûr du lendemain.

Cette strophe serait peut-être une imitation plus exacte du passage de l'Ecclésiaste. L'expression *qu'il répande son pain* est celle du texte français. Il ne faut pourtant pas trop s'y fier ; car au verset suivant, qui fournit l'idée des deux derniers vers, il y a, dans Lemaistre de Sacy, un contre-sens positif. Le texte dit : *quia ignoras quid futurum sit mali super terram*; et le français dit : « parce que vous ignorez le mal qui *doit venir* sur la terre. » — C'est tout autre chose ; il aurait fallu, je crois : « quel mal *peut venir.* »

Si une autre paraphrase de ces deux versets pouvait entrer dans le morceau sans le premier vers, on pourrait mettre encore :

>Nul ne sait de quels maux son destin le menace.
>Jette un morceau de pain dans le fleuve qui passe ;
>Les flots qui sont à Dieu ne l'engloutiront pas.
>Laisse-les l'emporter sur la rive étrangère,
>Et, dans longtemps peut-être, en un jour de misère,
>   Tu l'y retrouveras.

Si vous ne voulez prendre que le sens philosophique du passage de l'Écriture, et le développer sous ce rapport, peut-être alors pourrait-on dire encore :

>Qui peut prévoir les maux suspendus sur sa tête ?
>Quand vous serez assis au banquet d'une fête,
>Jetez dans l'eau qui passe un peu de votre pain.
>Que le pauvre ait sa part de ce que Dieu vous donne,
>Afin que, quelque jour, celui qui fait l'aumône
>   Vous ouvre aussi sa main.

Mais à force de retourner le texte, il finirait par n'en rien rester. Ainsi voilà qui prouve que le mieux est l'ennemi du bien, comme vous me le disiez l'autre jour ; ajoutez à cela que le bien est l'ennemi du mal, comme je vous le disais aussi, et vous en serez au même point que moi, c'est-à-dire dans le même cas que ces courtisans qui, après avoir délibéré pendant trois jours à quel endroit ils couperaient le nez du Roi, décidèrent qu'il fallait le couper au premier endroit venu.

Coupez donc, monsieur, et biffez ce que bon vous semblera dans ce que je vous envoie. Vous finirez par prendre dans ces strophes la meilleure, qui est la vôtre; et c'est mon avis que vous la choisissiez. Ne voyez, je vous prie, dans ce griffonnage, que le désir de vous être agréable; je m'en tirerai peut-être mieux une autre fois, si vous vouliez bien me mettre à contribution quand je pourrai vous être bon à quelque chose.

Votre bien dévoué,

Alf. DE MUSSET.

Mercredi.

Cette lettre sans date doit être de l'année 1835. M. Maxime Jaubert, conseiller à la cour de cassation, avait traduit en vers le livre de l'Ecclésiaste. Il pria Alfred de Musset de retoucher une strophe dont il n'était pas satisfait. On voit que l'auteur de *la Nuit de mai* lui renvoya trois versions différentes de la même pensée. Voici le texte latin des deux versets qui composaient cette strophe :

« Mitte panem tuum super transeuntes aquas : quia post tempora multa invenies illum.

« Da partes septem, necnon et octo : quia ignoras quid futurum sit mali super terram. »

Ecclésiaste, chapitre xi.

VI

A SA MARRAINE.

Vous avez eu grand tort, madame, de n'être pas venue ce soir au Théâtre-Français. *Rosine* n'a pas été espiègle, mais elle a été spirituelle et assez coquette, fort coquette même. Il y a eu une sortie charmante. Voici comment : elle vient de lire le billet de Lindor; l'acte finit; elle est seule en scène. Le billet lu, et le dernier mot dit, l'actrice n'a plus qu'à s'en aller; elle s'en va donc. L'orchestre se met à jouer une valse. Or, au lieu de sortir comme on sort, c'est-à-dire de laisser le théâtre vide pour l'entr'acte, voici ce qu'a fait Rosine ce soir :

Elle s'en est allée à pas lents, tenant à la main le billet de Lindor, le relisant, tournant sur la scène, seule, sans mot dire; cela a duré près de cinq minutes. Le parterre n'a pas bougé; il a suivi des yeux la demoiselle, qui n'en a pas été plus vite, tournant et relisant toujours, en dépit de l'entr'acte et de l'orchestre. Enfin elle est sortie et on a applaudi. Que dites-vous de cela? Comme c'est hardi, calculé, affecté et parfaitement vrai ! et comme c'est féminin !

— Mais, direz-vous, c'est une tradition; cela se fait peut-être tous les jours.

— Non, madame; j'ai vu, Dieu aidant, une centaine de fois le *Barbier de Séville*, et je n'ai jamais vu cette sortie.

— Eh bien, direz-vous encore, c'est une idée de mademoiselle Mars.

— Eh! que m'importe? c'est charmant. Et songez que d'oser le faire, d'oser tenir ainsi le spectateur en haleine, au moment où l'entr'acte commence, d'oser rester quand tout le monde va se lever, quand on n'a plus rien à dire, quand les garçons de café brûlent de crier leur limonade, ma foi, oser cela, le faire et réussir, c'est quelque chose.

Cette lettre n'a point de date; mais il y est question de mademoiselle Plessy, qui a joué pour la première fois le *Barbier de Séville* à la Comédie-Française le 20 mai 1836. — L'autographe contient un dessin à la plume qui représente Rosine en scène, lisant le billet de Lindor; à gauche on voit l'ouverture d'une loge de rez-de-chaussée par où sort la tête d'Alfred de Musset.

VII

A SA MARRAINE.

Madame,

Voici le fait. La princesse m'écrit qu'elle ne peut me bâtir un sujet avec l'histoire dont je vous ai parlé, et, dit-elle, voici pourquoi : « Le fond de l'histoire n'est ni extraordinaire ni gai. Les détails sont, en revanche, du meilleur comique; mais comment donner les détails sans démasquer les personnages? — Il faut y renoncer, conclut-elle, *à moins que madame J...* ne trouve un moyen. »

Vous êtes déjà, madame, conseillère par droit de conquête, soyez-le encore, je vous en prie, par amour des *belles-lettres*. Pour ma part, je ne vois qu'un moyen, et je l'ai proposé : c'est de garder les faits autant que possible, les caractères *idem*, et de changer les hommes en femmes, et réciproquement. Qu'en pensez-vous? Je l'ai déjà fait et m'en suis bien trouvé. Les vrais ridicules, comme les vrais sentiments, ont peu ou point de sexe. Mais vous trouverez mieux, si vous voulez; et si, grâce à vous, l'affaire peut s'arranger, vous rendrez un véritable service à votre très toussant et enchifrené serviteur.

ALF. M.

27 février 1837.

VIII

A SA MARRAINE.

Madame,

Mon arrangement de loge a manqué ce soir. Il n'y a rien de tel que de compter sur les autres. Au lieu d'être au concert*, me voilà en face de ma cheminée. Donnez-moi, je vous en prie, des nouvelles, afin que je puisse en parler sans mentir. Je suis très réellement fâché de n'y pas être, pour deux raisons. La première, c'est que je m'y serais plus qu'amusé; la seconde, c'est que, tant bien que mal, vers ou prose, j'en aurais dit quelque chose. On l'aurait lu comme un ricochet de mon article sur Rachel. Il m'aurait beaucoup plu de parler en même temps de toutes les deux : l'une sachant cinq ou six langues, s'accompagnant elle-même avec cette aisance admirable, cette grande manière, ce génie facile, etc.; — l'autre toute d'instinct, ignorante, vraie princesse bohémienne, — une pincée de cendre où il y a une étincelle sacrée, etc. — Entre elles deux une parenté évidente, le même point de départ et deux routes si diverses; le même but et deux résultats si

---

* Le premier concert public de mademoiselle Garcia.

différents! — Tout cela eût été curieux à sentir, à exprimer de mon mieux. La loge a manqué, et je n'avais pas pris de stalle, comptant à moitié sur cette loge. A moitié!!! voilà bien le mot le plus bête! et pourtant la grande raison de bien des choses. — Compliments littéraires.

Samedi soir (15 décembre 1838).

IX

A SA MARRAINE.

Vous vous trompez, ma chère marraine, en croyant que c'était sur vous que je comptais. Je n'avais vu, non plus que vous, dans la proposition du conseiller qu'une bonne volonté sans résultat possible. C'était mon ami Tattet qui devait retenir une loge, et il n'en a pas pu trouver. J'avais présumé ce que vous me dites du concert, d'après le récit de mon frère. — J'en aime encore moins Bériot, que je n'aimais pas, d'avoir sacrifié la jeune fille. Mais c'était à parier qu'il en arriverait ainsi.

Puisque mon idée de comparaison vous plaît, tâchez de réaliser votre bonne intention de me faire voir encore une fois Paulette (je tiens à l'appeler ainsi et non Pauline). Vous comprenez que, pour que ces choses-là signifient quelque chose, il faut que ce ne soit pas une amplification rimée sur une thèse qu'on devine. Il faut que ce soit senti à fond. Vous savez, d'ailleurs, que j'ai et aurai toujours la bêtise d'être consciencieux là-dessus. — J'aime mieux faire une page simple, *mais honnête*, qu'un poème en fausse monnaie dorée.

Pour la *petite*, comme on l'appelle au Théâtre-Français, je la connais passablement. Je voudrais croiser le fer avec Paulette pendant un quart d'heure, après quoi je rêvasserais à mon aise. — Très réellement, je crois qu'il y a, dans ce moment-ci, un coup de vent dans le monde artiste. La tradition classique était une admirable convention, le débordement romantique a été un déluge, au milieu duquel il y avait de bons côtés. Nous voilà aujourd'hui à la vérité pure, et dégagée de tout. Je donnerais bien cent écus, comme dit Vernet, pour n'avoir que vingt ans, à l'heure qu'il est, et pouvoir m'envoler, dans cette bourrasque, en compagnie de Paulette et de Rachel, quitte à me perdre dans les nues avec elles. Je suis bien vieux pour un tel voyage, et l'on m'a passablement brûlé les ailes en temps et lieu. Mais n'importe : si je ne les suis pas, je puis, du moins, les regarder partir, et boire à leur santé le coup de l'étrier. Nous trinquerons ensemble, n'est-ce pas, ma chère marraine ?

Je finis ma *nouvelle*; c'est ce qui m'empêche d'aller vous voir. Mille remerciements comme toujours, et mille amitiés à toujours.

ALF. M.

Lundi 17 (décembre 1838).

Cette lettre contient, en substance, la pensée que l'auteur a développée dans l'article de la *Revue des Deux Mondes*, où il a comparé mademoiselle Rachel à mademoiselle Pauline Garcia, et qui se termine par une pièce de vers adressée aux deux jeunes filles. On a vu, par la lettre précédente, qu'il n'avait pu assister au concert; mais il alla chez mademoiselle Garcia, qui lui fit entendre les morceaux qu'elle y avait chantés. Ce poète qui se disait *bien vieux* avait vingt-huit ans.

X

A SA MARRAINE.

Comment allez-vous, ma chère marraine, et que faites-vous? J'ai besoin d'avoir de vos nouvelles d'une manière quelconque et de savoir ce que font ceux qui vivent. Je suis dans le moment le plus ennuyeux d'une maladie. J'ai le tort d'être guéri, ce qui fait qu'on ne me traite plus en malade, et en même temps, je ne suis pas encore de force à agir comme ceux qui se portent bien. Ma religieuse est partie, en sorte que je suis en tête-à-tête avec la vertu et le lait d'amande. Je ne m'ennuie pas, parce que je travaille; mais j'ai un petit fonds de tristesse.

Sans compter cette bonne fille à laquelle je m'étais habitué, vous m'avez tant et si bien gâté, tous et toutes, pendant ma maladie, qu'il me prend des envies de me recoucher pour vous ravoir. J'ai pourtant, du reste, de grands sujets de tranquillité; mes affaires qui me tracassaient s'arrangent lentement, mais elles s'arrangent. Mes projets de sagesse sont plus fermes que jamais. Il ne me manque qu'un peu plus de force et un rayon de soleil qui dégourdisse ce vilain temps.

En attendant, vous qui vous souvenez de vos amis dans les mauvais jours, ne m'oubliez pas trop, je vous en prie, dans ma prospérité.

Compliments au sirop de gomme.

Alf. M.

Samedi (de la fin de mars 1840).

XI

A SON FRÈRE, AU CHATEAU DE LOREY, PRÈS PACY-SUR-EURE.

Homme plus rusé que Gribouille, est-ce que tu crois que je ne vois pas où tu veux en venir avec ton délicieux paysage que tu regardes par ta croisée ? Sous tes fleurs de rhétorique, il y a un sermon pour m'attirer à la campagne. Eh bien, je l'ai quitté, cet ennuyeux Paris que j'adore. J'ai été à Bury; j'ai revu les bois que j'aimais tant il y a deux ans. Je me suis abreuvé de verdure. Nous avons pris le café en plein air et joué au loto; qu'est-ce que tu veux de plus innocent? Parce que mes dettes vont être payées, tu en conclus que je dois éprouver le besoin de faire ma malle. Ce raisonnement est trop fort pour moi. Je connais beaucoup de gens qui ont payé leurs dettes et qui n'iront jamais de leur vie à Pacy.

Je finirai mes vers à la sœur Marceline* un de ces jours, l'année prochaine, dans dix ans, quand il me plaira et si cela me plaît; mais je ne les publierai jamais et je ne veux pas même les écrire. C'est déjà trop de te les avoir récités. J'ai dit tant de choses aux

---

* La sœur de Bon-Secours qui l'avait soigné pendant sa maladie.

badauds et je leur en dirai encore tant d'autres, que j'ai bien le droit, une fois en ma vie, de faire quelques strophes pour mon usage particulier. Mon admiration et ma reconnaissance pour cette sainte fille ne seront jamais barbouillées d'encre par le tampon de l'imprimeur. C'est décidé, ainsi ne m'en parle plus. Madame de Castries m'approuve; elle dit qu'il est bon d'avoir dans l'âme un tiroir secret, pourvu qu'on n'y mette que des choses saines.

Dis à nos cousins que j'irai peut-être les voir à l'automne. Ma mère a dû t'envoyer deux lettres hier. Il y en a une de Barre, qui est venu encore passer quelques soirées avec nous à dessiner. Adieu, mon cher ami; ne reste pas trop longtemps à Lorey.

Ton frère qui t'aime,

Alf. M.

Lundi (juin 1840).

XII

A SA MARRAINE.

Voilà comme vous êtes, vous autres femmes : vous vous imaginez, parce qu'on n'écrit pas, qu'on est amoureux, c'est-à-dire heureux ; il me semble qu'on pourrait en conclure le contraire.

Si je m'appuyais sur mon coude gauche, et si je vous disais : « Je suis allé mardi dernier chez madame de C. Il y avait madame G. d'abord, et ensuite madame S. — On a assez coqueté, et le *poète* fut reconduit en calèche découverte*. »

Mais ce n'est rien. L'autre jour, il y a eu, vers l'heure du clair de lune, une promenade à la Lamartine, avec lac, ombrage, marronniers, travestissements, etc.

— Bah ! avec les mêmes initiales ?

— Non, madame, avec d'autres initiales.

Mais ce n'est rien du tout. Si je vous disais quelle taille ronde, quelles manches plates, quelle pudeur, quelle mélancolie, quelles dentelles, quel singulier hasard ! Douteriez-vous du chapitre de roman que je

---

* Dans l'autographe, le mot *poète* est entouré d'une guirlande calligraphique.

pourrais vous faire? et tout cela dans un escalier, la sonnette à la main!

Mais ce n'est rien de rien. Si je vous disais que cette fière jeune fille a braqué ses yeux sur le filleul, et de peur qu'il n'en ignorât, le lui a fait savoir!

Mais c'est moins que rien. Si je me penchais sur l'autre coude, et si j'ajoutais : « Ma foi, elle était bien gentille sur le sofa bleu, avec ses cheveux blonds et ses yeux noirs. »

— Eh! qui donc!

— Qu'est-ce que cela vous fait? Et la preuve *que*, c'est que le mari m'aime. Oui, il m'a pris en affection, et il m'a arrêté sur le boulevard, moi étant très pressé, lui m'ayant parlé trois fois au plus auparavant, et le bon Dieu nous envoyant de la pluie sur la tête pendant ce temps-là. Et poignées de main, et invitations tombant des nues, etc. Ne vous seriez-vous pas dit comme moi, en pareil cas : « Voilà un homme que je ne connais pas beaucoup, mais qui m'aime véritablement, et dont la femme est fort aimable? »

Mais ne vous figurez pas que tout cela soit quelque chose.

Eh bien, qui sait si toutes ces folies, ces fatuités, ces cancans ne vous amuseraient pas, et si vous ne me trouveriez pas excusable d'avoir laissé mon encre sécher pendant que tous ces vents soufflaient?

Et si je vous disais tout bonnement, ou pour mieux dire, fort bêtement : « Je suis seul, et triste. Ces rêves ne sont rien que des rêves, et après tout, je ne vis que quand un cœur bat sur le mien ? »

Je vous envoie une drôle de lettre. Il me souvient, en la relisant, d'un élève du collège Henri IV qui, pour se moquer du professeur, avait fait une amplification de rhétorique dont tous les paragraphes commençaient ainsi : « Je ne vous dirai pas que, etc. — Je pourrais vous dire que, etc. » — L'élève s'appelait Évrard ; il fut chassé de la classe*. Je puis vous dire pourtant que je suis votre très honoré filleul.

Yours for ever and something more.

Jeudi soir (juillet 1840).

---

* Alfred de Musset aurait dû ajouter que le jeune Évrard n'avait fait que singer, dans son amplification, la rhétorique habituelle du professeur, ce qui avait fort égayé les élèves aux dépens de leur maître.

XIII

A SA MARRAINE.

Si vous savez pourquoi vous répondez vite et bien, vous comprendrez aisément pourquoi je réponds tard et mal. Prenez d'abord votre bon sens, puis votre tranquillité, puis votre gaieté naturelle, votre *farniente* toujours occupé à propos, puis, que dirai-je? tout ce qu'il y a en vous de bon et de toujours prêt. Retournez tout cela, comme on retourne son bas pour le mettre. *Voilà ma position*, comme dit un de mes amis. Soyez sûre que, quand je ne vous dis rien, ce n'est ni oubli, ni paresse, ni distraction; mais c'est que je ne peux rien dire.

Merci d'abord de l'histoire *musicale et dentifrice*. Hélas! marraine, ces riens charmants qui viennent de vous me sont bien chers. Ils me rappellent le temps où je savais jouir de toutes ces petites perles qui vous tombent des lèvres quand vous riez ou qui pendent au bout de votre plume à chaque goutte d'encre que vous prenez. Je perds tous les jours l'esprit qu'il faut pour être au monde.

Vous demandez un commentaire, ce que vous appelez « un titre de chapitre ». J'admire le flair qu'ont les femmes comme vous. De toutes les folies que je vous ai écrites, l'histoire de l'*escalier* serait la moins folle ou la plus sérieuse, si c'était quelque chose; mais malheureusement ce n'est et ne *sera* rien. Quand à l'histoire *sainte*, elle passe un peu à l'état d'ancien testament. Je ne peux pas vous faire l'histoire de l'*escalier*, parce que c'est si peu de chose, si *rien*, qu'il faudrait quinze pages pour la raconter.

Elle est revenue! cet affreux capitaine l'a rencontrée. Et ce qui est triste, c'est la pièce nouvelle de l'Opéra-Comique*. Et j'y étais presque encore quand j'ai rencontré Clavaroche par une pluie battante, car j'en sortais.

Figurez-vous : *Se il padre m'abbandona*, chanté en français, en costume de fantaisie écossais, avec des guêtres, des jupes qui viennent à mi-jambe, et chanté très vite, probablement pour ne ressembler ni à la Pasta, ni à la Malibran, ni à etc.

Oui, madame, elle est revenue, cette brune dont le portrait à la mine de plomb me pend au-dessus de la tête en ce moment même. Est-ce que vous croyez que je l'aime, là, vraiment ? Est-ce que vous supposez qu'il reste quelque chose de cette fantaisie que j'ai cru avoir? Bah! je suis parfaitement guéri; et quand le filleul de

---

* *L'Opéra à la cour*, espèce de pot-pourri dramatique.

ma marraine sera à son tour dessiné à la mine de plomb sur son propre tombeau, on écrira au-dessous :

ÉPITAPHE D'UN INCONNU :

« Ci-gît un homme qui a été à l'Opéra-Comique le 30 juillet 1840. Il avait l'idée d'y aller le 28 ; mais le théâtre était fermé à cause des fêtes, c'est pourquoi il s'y est rendu le surlendemain. Il s'est mis dans une avant-scène fort sombre, où il était tout seul. Et il a aperçu en face de lui, — à peu près, — une jeune femme brune. C'était la seconde fois de sa vie qu'il allait à l'Opéra-Comique ; et il lui est impossible d'expliquer pourquoi, ayant ce théâtre en horreur, il lui avait pris, dès le 28, une telle envie d'y aller, que le 30 il a emprunté à monsieur son frère de quoi s'y rendre, ne devant avoir d'argent que le lendemain. Et dans cette avant-scène qui est énorme, s'ennuyant fort tout seul, il a regardé dans la salle, et il a cru reconnaître dans une loge cette même jeune fille brune ; mais il lui a été impossible de croire que ce fût elle, vu qu'il la croyait engagée à Milan pour l'*Automnino*, c'est-à-dire la fin d'août. Sortant de là, et fort ému, il a rencontré par la pluie battante un capitaine avec lequel il était fort lié. Ce capitaine lui a affirmé qu'il avait, peu de jours auparavant, rencontré cette même brune à Paris, et qu'ainsi donc c'était bien elle, et non pas une hallucination produite par la musique. Et alors l'infortuné est rentré chez lui ; et il a fumé un grand nombre de cigarettes.

» Priez pour lui ! »

Je vous serre la main en désespéré.

31 juillet 1840.

Sur la dernière page de l'autographe est un dessin à la plume représentant un tombeau entouré d'une grille et ombragé d'un saule pleureur.

XIV

A M. ALFRED TATTET.

Je pars, mon cher ami, demain matin pour Augerville avec mon frère. Nous y passerons probablement huit ou dix jours; après quoi, si vous ne vous envolez pas de votre côté, nous nous retrouverons, j'espère, sur cet ennuyeux et adoré pavé de la meilleure et de la plus exécrable des villes.

A vous de cœur.

ALF. M.

Jeudi soir (10 septembre 1840).

XV

A MADAME LA DUCHESSE DE CASTRIES.

Ce n'est ni par manque d'amitié, madame, ni par manque de courage que je ne suis point allé vous voir à Dieppe. Je ne le pouvais réellement pas. La partie d'Augerville était arrangée et convenue depuis longtemps, et je ne pouvais y manquer sans impolitesse. Vous m'avez vu hésitant, mais c'est que j'hésite toujours, ou que je fais semblant par acquit de conscience, parce que je ne fais jamais ce que je voudrais, ni ce que je devrais. Je regrette de ne m'être pas rendu, comme on dit, *à votre aimable invitation*, car j'ai fait des sottises à Paris. J'en aurais peut-être fait à Dieppe; mais c'en auraient été d'autres, probablement moins sottes.

Ne vous plaignez pas d'une fin de saison là-bas; je ne sais si ce que nous avons ici est une fin ou un commencement, mais si l'ennui était un brouillard, on ne se verrait pas à deux pas, à Paris, dans ce moment.

Vous me demandez l'opinion de Berryer sur madame Lafarge. Tant que le procès a duré, il n'a trop rien dit, en sa qualité de jurisconsulte probablement, mais je le crois de votre avis, que je partage entièrement; je ne comprends même pas qu'on ait tant hésité : le témoignage de mademoiselle Brun me semble concluant.

Je ne suis point allé à la Chambre des pairs, pour entendre la défense du prince Louis. C'est encore un de mes regrets; mais, à vous dire vrai, je ne peux pas me faire à cette mode d'écouter un plaidoyer comme un opéra. Berryer dit à une Chambre qui devrait être le premier corps de l'État qu'ils ont tout trahi, tout abandonné, tout trompé, et tout cela, comme vous le dites, pour de l'or et des places, et messieurs les pairs crient *bravo!* comme s'ils entendaient chanter Rubini. — C'est admirable!

Oui, madame, vous avez bien raison de vous féliciter d'être femme. Je tombe d'accord de tout ce que vous dites là-dessus, et même des *dix années indevinables*. Permettez-moi pourtant une observation : il vous sied de parler ainsi, parce que vous êtes femme, réellement femme, que vous avez fait un noble et bon usage de votre vie et de vos facultés; mais acccordez-moi aussi qu'il y a peu, bien peu de pareils courages; et certes, parmi les hommes, ceux qui ont vécu hardiment ont aussi des souvenirs, moins doux, c'est vrai, moins calmes, mais tout aussi profonds. En somme, il me semble que la différence des sexes n'est pas l'important, mais plutôt la différence des êtres. La vie vulgaire, petite et étroite, que mènent les trois quarts et demi des gens qui croient vivre, détruit le peu que chacun aurait pu valoir. Ceux qui rompent cette glace doivent être mis à part, et, en général, les hommes ont le grand avantage de la liberté, qui les dispense de l'hypocrisie. S'il y a peu d'hommes qui sachent être heureux, il y a peu de femmes qui osent être heureuses. A partie égale, entre amants, il y en a toujours un qui est le propriétaire; l'autre n'est que l'usufruitier, et, en cela, je vous reconnais la supériorité; nous goûtons le bonheur, mais vous en avez le secret.

Vous me parlez d'un méchant sujet, qui est moi-même. Je crois avoir le droit de dire que je m'ennuie, parce que je sais très bien pourquoi. Vous me dites que ce qui me manque, c'est la foi. — Non, madame: j'ai eu, ou cru avoir cette vilaine maladie du doute, qui n'est, au fond, qu'un enfantillage, quand ce n'est pas un parti pris et une parade; non seulement aujourd'hui j'ai foi en beaucoup de choses et d'excellentes choses, mais je ne crois pas même que, si on me trompait, ou si je me trompais, je perdisse cette foi pour cela.

Pour ce qui regarde les choses d'un peu *plus haut* et la foi de la sœur Marceline, je ne peux rien dire là-dessus. La croyance en Dieu est innée en moi; le dogme et la pratique me sont impossibles, mais je ne veux me défendre de rien; certainement je ne suis pas *mûr* sous ce rapport. Ce qui me manque maintenant, je vous l'ai dit: c'est une chose beaucoup plus terrestre. Je vous ai raconté comme quoi une passion absurde, fort inutile et un peu ridicule, m'a fait rompre, depuis à peu près un an, avec toutes mes habitudes. J'ai quitté tout ce qui m'entourait, mes amis, mes amies, le courant d'eau où je vivais, et une des plus jolies femmes de Paris. Je n'ai pas réussi, bien entendu, dans ma sotte vision, et aujourd'hui, je me retrouve guéri, il est vrai, mais à sec, comme un poisson au milieu d'un champ de blé; or, je n'ai jamais pu, je ne puis ni ne pourrai vivre ainsi seul, ni convenir que c'est vivre. J'aimerais autant être un Anglais. Voilà toute ma peine. Vous voyez que je ne suis ni blasé, ni ennuyé sans motif, mais purement et simplement désœuvré. Je ne me crois pas très difficile à guérir; cependant je ne serais pas non plus très facile. Je n'ai jamais été *banal*. Ce qu'on appelle les femmes du monde, d'une part, me font l'effet de jouer une comédie dont elles ne savent pas même les rôles. D'un autre côté, mes amours perdues m'ont laissé quelques cicatrices qui ne s'effaceraient pas avec de l'onguent miton-mitaine. Ce qu'il me faudrait, c'est une femme qui fût quelque chose, n'importe quoi : ou très belle, ou très bonne, ou très méchante, à la rigueur, ou très spirituelle, ou très bête, mais quelque chose. — En connaissez-vous, madame? tirez-moi par la manche, je vous prie, quand vous en rencontrerez une. Pour moi, je ne vois rien de rien.

Croyez, madame, à ma bien sincère et respectueuse amitié.

A. DE MUSSET.

Jeudi (septembre ou octobre 1840).

XVI

A MADAME LA DUCHESSE DE CASTRIES.

Madame,

Je suis désolé d'avoir reçu hier votre petit mot trop tard. J'étais dehors quand il est venu. Pardonnez-moi, je vous en supplie, mes *ingratitudes*. Je travaille dans ce moment-ci, et vous savez que je ne fais rien que *d'arrache-pied*. Soyez bien convaincue, madame, qu'il n'y a que mes jambes de coupables envers vous.

Mercredi.

XVII

A MADAME LA DUCHESSE DE CASTRIES.

Je rentre, madame, et il est deux heures; je rentre, non pas triste, mais un peu las, et avec cette espèce de pressentiment d'ennui que donne la fatigue, m'attendant presque à quelque mauvaise nouvelle, comme Scapin. Au lieu de cela, je trouve votre bonne et charmante lettre qui me remet l'âme à sa place, en me montrant que de si nobles choses si franchement pensées et si aisément dites s'adressent à moi. Merci mille fois de ce rayon de soleil que vous m'envoyez. Il était dans votre cœur et dans vos yeux pendant que vous écriviez. Je ne suis pas trop digne d'en rêver ce soir; mais je ne veux pas dormir sans vous en remercier, quitte à vous demander pardon de le faire si mal.

Compliments respectueux et dévoués.

A. M.

Samedi soir.

XVIII

A SA MARRAINE.

Je ne puis aller ce soir chez vous, ma chère marraine, attendu que je suis plongé dans une fin de grippe *qui me fait grand mal au côté,* comme dit le malade imaginaire. J'espère que vous ne prendrez pas cette trop bonne raison pour une excuse, quand vous saurez que cela m'empêchera de monter la garde demain, et peut-être même d'aller en prison jeudi. — Vous comprenez que ce sont là les premiers des devoirs. — Je n'ai pas besoin que vous quittiez Paris pour regretter mon métier d'ours, et je ne veux pas vous dire que je n'ai vu personne de l'hiver, car ce ne serait pas une raison pour ne vous avoir pas vue. Dites-vous que je n'ai pas existé. C'est la vraie vérité, et je ne suis pas encore prêt à sortir de terre.

Compliments sur papier gris.

ALF. M.

13 avril 1841.

XIX

A SA MARRAINE, A VERSAILLES.

J'ai grogné tout mon soûl; mais je ne veux pas écrire à cette personne féroce. Non, je ne le veux pas. Ainsi, puisqu'il y a, à Versailles, un beau grand démon et un joli petit génie encore moins méchant qu'il n'est gros, tant pis pour le petit, car il faut que j'écrive.

Dites-moi, marraine, concevez-vous quelque chose de plus inhumain que cette personne? Elle me dit qu'elle a de l'amitié pour moi. — Moi, imbécile, je le crois bonnement. Je lui répète dans une demi-douzaine de lettres qu'elle est une des personnes du monde que j'aime le plus. — Elle me répond : « Venez. » — J'arrive, par la rive gauche, *au péril de ma vie*, et là-dessus, pour une méchante plaisanterie que je fais à table, — plaisanterie à laquelle vous même n'avez pas fait la moindre attention, — elle me cherche une querelle d'Allemand, ou plutôt de Patagon, au milieu d'une partie d'échecs, que je perds, bien entendu. Elle voit qu'elle me fait une peine affreuse, et alors la voilà qui se met à me frapper à grands coups de bâton sur la tête, avec son charmant sourire, entre ses deux fossettes, et des regards à me donner la migraine. Non! il n'est pas possible d'être plus sanguinaire. — Et je crois aussi qu'il est bien difficile de s'ennuyer plus cordialement que moi, hier, sur cette infernale avenue de Paris, qui faisait certainement exprès de s'allonger devant moi, comme le nez de Pantalon dans les *Pilules du Diable*. Marraine, je vous en prie, dites un *Pater* pour moi, car j'en vais faire une maladie quelconque. Et concevez-vous cette personne (je ne peux décidément pas la nommer) qui m'empêche de boire du vin pur, sous le prétexte que je tousse, et qui m'applique sur le cœur un cataplasme de cent mille coups d'épingle? Comme c'est rafraîchissant! on n'aurait qu'à l'aimer tout de bon! qui sait? on serait à un joli régime : du sirop de groseille, et la torture!

Marraine, je commence à m'ennuyer, même de grogner. Si je perds cette ressource, il n'y aura plus qu'à jeter des fleurs sur ma tombe. Tâchez d'y jeter un petit *vergiss-mein-nicht*, et soyez sûre qu'il y poussera.

Yours.

ALF. M.

Mardi (26 juillet 1842).

Cette lettre fut communiquée à la personne que l'auteur n'a pas voulu nommer. La réponse de la marraine commence par ces mots : « Il vous est pardonné, parce que vous avez bien plaisanté. » La querelle n'eut pas d'autre suite, et Alfred de Musset retourna à Versailles.

XX

A SA MARRAINE.

Je remercie d'abord la plus petite de toutes de ne pas avoir oublié son ancienne coutume d'écrire à son fieux quand il pond. Rien n'est plus gentil et plus doux pour moi que ce bon petit écho. — Gardez-le-moi toujours, marraine, gardez-le-moi *quand même*. Un sentiment de ce genre-là doit être à l'abri de tout et console de bien des choses.

Le public a été à peu près de l'avis d'Uranie. Il a préféré, m'a-t-on dit, le côté sérieux de mes vers*. Peut-être a-t-il raison; mais, au fond, quelle drôle de manie de vouloir faire de l'art et de la pédanterie à propos d'une boutade! Il me semble que si les coudées franches sont permises quelque part, c'est dans les choses de ce genre. Mais, comme disait Liszt, le public est un cuistre.

Il faut que je vous raconte deux carambolages que le hasard vient de s'amuser à faire deux jours de suite aux Italiens (je veux dire au Théâtre-Italien).

Premier carambolage. Figurez-vous, marraine, que

---

* Les vers à Léopardi intitulés : *Après une lecture*.

je m'en vais voir *Norma* dimanche dernier, chose assez naturelle. Or, j'avais pris la stalle du balcon n° 25. Pourquoi ? — Parce que c'est la dernière au coin, et que, dans la loge à côté, je comptais trouver — quelqu'un que vous ne connaissez pas. J'arrive à huit heures sonnant, tout *embaufumé*, et je trouve dans la stalle n° 24, c'est-à-dire à côté de moi, une fille entretenue, ancienne maîtresse d'un de mes amis. Elle m'adresse la parole. Impossible de ne pas répondre, en sorte que, pour le public, me voilà installé tranquillement au beau milieu du balcon des Bouffes avec une donzelle. Je me donnais au diable ; on me lançait, ou plutôt on me laissait tomber des regards d'un mépris ! — Je m'en suis allé, et j'ai planté tout là, selon ma louable coutume,

Deuxième carambolage. Hier mardi, je suis allé voir la *Linda di Chamouny*. Il y a de jolies choses. Cela vaut la peine d'être entendu de vous. J'aime la Brambilla, quoiqu'elle ait le plus gros postérieur du monde dans sa culotte de Savoyard. — Je m'adresse, en arrivant, à un marchand de billets qui m'en vend un. La comtesse de*** avait vendu sa loge. Il se trouve que c'est dans celle-là qu'on me donne une place. J'entre à l'avant-scène donc, et j'aperçois en face de moi Belgiojoso qui me braque d'un air étonné. Ce n'était pas pour me voir qu'il était venu là. (En face de moi, par parenthèse, était aussi l'ingrate Pauline). Pendant l'entr'acte, Belgiojoso m'aborde dans le corridor. Nous

nous promenons, — les meilleurs amis du monde, — et il paraît apprendre avec plaisir que j'ai payé ma place, si bien que nous devons souper ensemble vendredi. Il m'a semblé que quelques personnes nous regardaient avec un peu de surprise.

Voilà mes deux carambolages. Ce n'est pas grand'chose, comme vous voyez; mais j'ai pensé que cela vous amuserait peut-être.

Vous savez que le *petit* s'en est allé, peut-être pour longtemps. Cela m'a fait beaucoup plus de peine que je n'en ai eu l'air. Non seulement j'aime beaucoup mon frère; mais c'est mon ami, et il a eu, dans ces derniers jours d'ennui, tant de soins, tant de pitié pour moi, que son absence me laisse terriblement seul. Que de choses se sont éloignées de moi, cette année !

Adieu, marraine, aimez-moi un peu, aimez-moi le plus possible. J'ai froid au cœur, j'ai bien besoin qu'on m'aide un peu à vivre.

23 novembre 1842.

XXI

A SON FRÈRE, EN ITALIE.

(Janvier 1843.)

Je sais, mon cher ami, que tu as fait bon voyage et que tu t'amuses, ce qui ne m'étonne point, bien que Hetzel dise qu'il n'y a que toi au monde capable de trouver du plaisir à voyager seul.

Pour ce qui me regarde, je te dirai que je suis raccommodé avec Rachel; je l'ai rencontrée à souper chez Buloz et nous nous sommes donné une poignée de main. Tu sais qu'elle demeure sur le quai, comme le chevalier de la Marjolaine. C'est un gentil voisinage.

As-tu vu à Gênes ce beau jardin où il y a écrit sur la porte : *Hic mihi jucunda solitudo, amicitia jucundior?* c'est celui que préférait ton serviteur très humble. Madame Sand en parle dans les *Lettres d'un voyageur*. Il y a une fontaine en grotte délicieuse.

Je me porte très bien. Fais-en autant, amuse-toi surtout, et envoie-nous des nouvelles de Naples.

ALFRED.

XXII

A SON FRÈRE, EN ITALIE.

(Février 1843.)

Mon cher ami, j'ajoute ce mot à la lettre de ma mère pour répondre à tes questions.

J'étais donc à souper chez Buloz le jour des Rois. Toute la *Revue* s'y trouvait, plus Rachel. C'était un peu froid; on aurait dit un dîner diplomatique. Le hasard facétieux a donné la fève à Henri Heine, qui a fait semblant de ne pas savoir ce qu'on lui voulait, de sorte que le gâteau sur lequel la maîtresse de la maison devait compter pour égayer la soirée, a été pour le roi de Prusse. Heureusement Chaudes-Aigues s'est grisé, ce qui a rompu la glace. Rachel m'a demandé si nous étions fâchés, d'un petit air si coquet et si aimable que je lui ai répondu : « Pourquoi ne m'avez-vous pas regardé ainsi et fait la même question il y a trois ans? Vous sauriez que je ne connais pas la rancune, et notre brouille aurait duré vingt-quatre heures. » — Elle m'a lancé un regard plus coquet que le premier, en disant : « Que de temps perdu ! » — Et nous nous sommes donné la main en répétant que c'était fini. Rachel m'a invité à venir chez elle, et j'y vais tous les jeudis. Voilà toute l'histoire. Chenavard vient me voir et me raconte ses chagrins en jouant aux échecs.

Adieu, mon cher ami; je suis sage comme une rosière. Amuse-toi et aime-nous.

Alf. M.

XXIII

A MADAME MÉVESSIER-NODIER.

Je vous remercie, madame, de votre remerciement. J'ai peur que vous n'ayez peur encore d'un sonnet; c'est pourquoi je m'empresse de vous rassurer. Vous avez tort de croire que le silence ne dit rien; il en dit quelquefois beaucoup, et même trop, et même pas assez. Je crois qu'Odry en personne, de qui vous me citez une phrase mémorable, serait de mon avis là-dessus. Vous voyez que je connais mes auteurs.

Sérieusement parlant, je vous remercie mille fois de votre bonne et aimable lettre, et je vous prie d'agréer l'assurance de mes sentiments les plus distingués et les plus respectueux.

ALF. DE MUSSET.

Vendredi (mai 1843).

Si vous rencontriez le docteur Neophobus*, voudriez-vous être assez bonne pour lui faire de ma part un sin-

---

* Le docteur Neophobus n'était autre que Charles Nodier, qui venait de publier sous ce pseudonyme quelques articles fort gais contre les fabricateurs de mots nouveaux.

cère et très humble compliment sur quelques pages de la *Revue de Paris,* où il a trouvé le moyen d'être à la fois charmant et raisonnable, chose qui devient de plus en plus rare.

XXIV

A SON FRÈRE, EN ITALIE.

Lundi 22 mai (1843).

Je te remercie de ta lettre, mon cher ami. Elle m'a fait grand plaisir, à *moi d'abord,* comme disait notre ami De Guer, et ensuite à d'autres. J'ai montré ce soir même à madame J... ton dessin catanais. — Elle m'a chargé de te dire qu'elle ne t'écrira pas tant que tu seras en Sicile, parce qu'elle a peur d'une éruption et qu'il ne resterait plus, dans un monceau de cendres, que ta poche et sa lettre.

Puisque je te parle de la rue T..., tu sauras que, depuis peu, on y est pris d'une rage de magnétisme. C'est la chose du monde la plus curieuse. J'ai assisté à un certain nombre de séances. Ce que j'ai vu d'abord m'avait presque rendu incrédule. Le petit Alexis (c'est le nom d'un somnambule) a été *collé* trois fois de suite par moi, dans une séance à laquelle, par parenthèse, assistait Paulinette, qui nous a chanté un air de Palestrina, une sicilienne, qui est la plus belle chose qu'on puisse entendre.

Trois fois de suite, à peu près, je n'ai donc vu que

des niaiseries, ou des tours de cartes, ce qui revient au même. Alexis a joué à l'écarté avec moi, les yeux bandés, mais très mal. Il avait fait pourtant des choses assez singulières : ayant deux cardes de coton sur les yeux et un mouchoir bien serré par-dessus, il venait de jouer avec un des graves collègues du conseiller, et non seulement il jouait très lestement, mais il indiquait le jeu de l'adversaire, — comme de lui dire, par exemple : « Pourquoi ne jouez-vous pas la dame de carreau? » Et il a touché du doigt la carte. Cela n'était pas tout à fait facile; mais, pour moi, ce n'était pas suffisant. Mademoiselle Julie (autre somnambule) a commencé de même avec moi par être bête comme une oie; et puis voici le tour qu'elle m'a joué : Achille la magnétisait, Achille en personne, qui n'était pas compère[*]. Je lui ai demandé si elle pourrait lire un mot, non pas écrit, mais dans ma pensée. Elle m'a dit que oui; je lui ai pris la main. J'avais pensé le nom de Rachel. Elle m'a dit qu'elle voyait les lettres, mais qu'elle ne pouvait pas lire le mot (dans mon cerveau, note bien). — Je lui ai demandé si elle pourrait écrire ces lettres. « Oui. » On lui a donné du papier et un crayon. Elle a écrit C-L-E d'abord; ensuite, d'un seul coup, A-H. Elle a cherché longtemps, et enfin elle a écrit *Charle*. C'est précisément l'anagramme de Rachel. Ce sont les mêmes lettres. N'est-ce pas très baroque?

---

[*] M. Achille Bouchet.

Il faut dire qu'on l'aide un peu malgré soi. Cependant comment pêcher, endormi ou non, un mot dans la cervelle d'un homme? Du reste, la même demoiselle Julie a lu très vite ton propre nom, écrit de ma blanche main sur un morceau de papier que je lui avais délicatement glissé dans le dos, sous sa robe. Ce genre de lecture n'est pas très commode. Elle répétait sans cesse *Po, Po*, d'une voix presque éteinte. — « Eh bien, lui dit Achille, *Po, Po!* après? » Elle a fait un éclat de rire, et elle a prononcé ton nom. Ainsi, mon cher ami, tu es de moitié dans la farce. Qu'est-ce que c'est que tout cela? je n'en sais rien du tout.

Je ne sais pas si vous savez, vous autres, à Catane, que le *Principe**** a enlevé la comtesse de***. Il y avait deux ans qu'ils étaient ensemble au su de tout Paris. La comtesse s'est disputée, à ce qu'il paraît, avec son mari; elle est arrivée chez le prince (qui devait chanter le soir dans un concert) ornée de son mouchoir pour tout bagage, et elle lui a dit : « Allons-nous-en. » Ils sont en route. Le vent est aux enlèvements à Paris, dans ce moment-ci, ou pour mieux dire, aux séparations. Je viens de voir de mes yeux la même plaisanterie, qui est beaucoup moins gaie qu'on ne pense. Je t'expliquerai cela un jour; mais, si tu m'en crois, n'enlève jamais personne, à moins que ce ne soit la reine d'Espagne.

Que te dirai-je encore de nouveau? Mademoiselle H... (tu t'en souviens) se marie. Mademoiselle de B... se marie. Mademoiselle T... s'est mariée, il y a un mois, et se meurt. A..., la nouvelle marquise, est plongée dans les douceurs de la lune de miel.

La tragédie de *Judith* de madame de Girardin a été jouée par Rachel. Je vais demain chez la même madame de G. entendre mademoiselle Hagn, la première tragédienne de l'Allemagne, dit-on, déclamer, en allemand, devant la même Rachel. Je regretterai de ne pouvoir pas t'en rendre compte. Ce sera curieux, — personne n'y comprendra mot. — M. Ponsard, jeune auteur arrivé de province, a fait jouer à l'Odéon une tragédie de *Lucrèce*, très belle, — malgré les acteurs. — C'est le *lion* du jour; on ne parle que de lui, et c'est justice. — Je me suis réconcilié avec V. Hugo. Nous nous sommes rencontrés à déjeuner chez Guttinguer. — Madame Hugo m'a envoyé son album; j'y ai écrit un sonnet sur cette rencontre, qui m'avait réellement touché; — il m'a répondu une lettre très bien. J'ai fait aussi plusieurs sonnets pour madame Ménessier, qui m'en a renvoyé deux très jolis; Hetzel en est pâle. — Chenavard continue à aller au Divan.

Adieu, mon cher ami, je te dis des niaiseries, à quatre ou cinq cents lieues de distance, comme si nous causions à souper. Amuse-toi, porte-toi bien; nous t'aimons tous.

Ton frère et ami.

ALF. M.

XXV

A M. ALFRED TATTET.

Mon cher Alfred, parmi les raisons qui m'ont empêché d'aller vous rejoindre se trouve celle-ci : que M. Bocage, directeur de l'Odéon, est venu me demander l'autorisation de faire siffler, à son théâtre, un petit proverbe de ma façon intitulé *Un caprice,* ce à quoi j'ai accédé, après avoir pris l'avis des plus grands connaisseurs en matière de *fiasco.* Je ne l'aurais pas donné aux Français, c'eût été trop grave; mais à l'Odéon, cela m'amusera, sans danger pour *ma gloire,* puisque cette petite pièce a été imprimée, il y a six ou sept ans, et non destinée au théâtre. Ainsi je vais être représenté par Bocage en personne, père des Antony et tourier de Nesle, fort aimable et brave homme, du reste, qui y met toute l'obligeance possible et qui me fera faire une petite décoration pour rétrécir sa salle. Il faut donc que je sois à Paris, quoique je ne m'en mêle pas du tout. J'espère que vous y viendrez. C'est votre devoir d'y être; vous aurez le droit de partager les pommes cuites jetées à votre ami. Ce sera, je crois, pour le mois de novembre. Les répétitions sont commencées, mais je n'en ai rien vu. Ma jeune première, mademoiselle Naptal, est venue me faire une visite avec son papa. Elle est jolie ; c'est toujours bon signe.

Alf. M.

Vendredi 17 octobre (1845).

XXV

A SON FRÈRE, A ANGERS.

Mon cher ami,

Je t'envoie, pour ma mère, une espèce de factum auquel je n'ai pas pu comprendre grand'chose. En outre, j'ai une requête à te faire : un bon garçon et fort honnête, nommé Piot, part pour Venise, et il m'a demandé si je ne pourrais pas avoir de toi quelques mots de recommandation. Il voudrait ses entrées aux bibliothèques et même aux archives; mais sans aucun but politique, ni même littéraire. Il s'occupe de dessins, de gravures, et il espère trouver quelque chose là. Je pense que tu peux lui rendre service sans aucun inconvénient. Il part dans huit jours. Je lui ai promis, non que je réussirais, mais que je t'en parlerais. — Je viens de passer deux heures à corriger tes épreuves, où il n'y avait que de très légères fautes, qu'il fallait pourtant relever. — Donne pour moi une grande poignée de main à notre nouveau frère; embrasse ma mère; dis à ma sœur que j'ai senti combien je l'aimais en la voyant partir. Je lui écrirai.

Notre oncle m'a quitté pour aller à Melun. Je n'ai plus, en fait d'anges consolateurs, que la vieille Renote et le petit oiseau.

A toi,
Alf. M.

7 juillet 1846.

XXVII

A M. ALFRED TATTET.

Je vous remercie de votre lettre, mon cher ami. Il ne nous est rien arrivé, à mon frère ni à moi, que beaucoup de fatigue. A l'instant où je vous écris, je quitte mon uniforme que je n'ai guère ôté depuis l'insurrection. Je ne vous dirai rien des horreurs qui se sont passées ; c'est trop hideux.

Au milieu de ces aimables églogues, vous comprenez que le pauvre oncle Van Buck est resté dans l'eau*. Il avait pourtant réussi, et je puis dire complètement, — sans exagération. C'était justement la veille de l'insurrection ; j'avais encore trouvé une salle toute pleine et bien garnie de jolies femmes, de gens d'esprit ; un parterre excellent pour moi, de très bons acteurs, enfin tout pour le mieux. J'ai eu ma soirée. Je l'ai prise, pour ainsi dire, au vol. Après la pièce, on a redemandé tous les acteurs et même l'auteur, qui, vous le pensez bien, n'a pas paru. — Le lendemain, bonjour ! acteurs, directeur, auteur, souffleur, nous avions le fusil au

---

* *Il ne faut jurer de rien*, comédie en trois actes, représentée au Théâtre-Français le 22 juin 1848.

poing, avec le canon pour orchestre, l'incendie pour éclairage et un parterre de vandales enragés. La garde mobile a été si belle, si admirablement intrépide, que ce seul spectacle, heureusement, nous a donné encore de bons battements de cœur. C'étaient presque tous des enfants. Je n'ai jamais rien rêvé de pareil. — Mille amitiés respectueuses à madame Tattet. — Je vous écris à la hâte et vous serre la main de tout cœur.

Alf. M.

1er juillet 1848.

XXVIII

A SON FRÈRE.

Mon cher ami,

En voilà une tuile désagréable! J'étais averti que l'Académie me donnait un prix, mais je ne savais pas en quels termes. On vient de me les dire et je les trouve blessants. Il y a vingt ans que j'écris; j'en ai tout à l'heure trente-huit, et on m'apprend que je suis un jeune homme qui mérite d'être encouragé à poursuivre sa carrière. Quand la critique me fait de ces compliments-là, je les méprise; mais de la part de l'Académie c'est plus grave. Il m'en coûterait de paraître orgueilleux ou susceptible, et cependant puis-je à mon âge me laisser traiter d'écolier? Que faire? j'ai besoin d'avoir ton avis là-dessus. Attends-moi ce soir, avant de te coucher, ou laisse la clef à ta porte. Il faut que nous causions ensemble.

A toi.

ALF. M.

Jeudi soir (17 août 1848).

L'Académie française, dans sa séance du 17 août 1848, venait d'accorder à Alfred de Musset le prix fondé par M. de Maillé

Latour-Landry. D'après les intentions du fondateur, ce prix annuel doit être donné « à un jeune écrivain ou artiste, dont le talent, déjà remarquable, paraîtra mériter d'être encouragé à poursuivre sa carrière dans les lettres ou les beaux-arts. » Alfred de Musset accepta le prix; mais il en donna le montant aux victimes des événements de juin 1848. Sa lettre de souscription, publiée par le *National* du 21 août 1848, se trouve dans le volume des mélanges.

XXIX

A M. ALFRED TATTET.

Je voulais aller vous voir, mon cher ami, mais je suis retenu tous les jours par quelque raison nouvelle. Il semblerait que je n'ai plus rien à faire, c'est pourquoi je suis fort occupé. Je vous raconterai tout cela, car je ne puis vous envoyer tout un volume pour vous mettre au fait de trois balivernes. Dès que je le pourrai, je vous le *manderai*, comme on disait.

Je vous écris ce mot à la hâte, parce que je vois que, si j'attends que j'aie le temps, je ne vous répondrai jamais.

ALF. M.

15 mars 1849.

XXX

A M. ALFRED TATTET, A FONTAINEBLEAU.

Je suis bien sûr que vous ne voudrez pas me croire quand je vous dirai, mon cher Alfred, que j'avais résolu de vous aller voir. J'en atteste cependant deux témoins purs, sinon sans tache, ma malle et mademoiselle Colin, l'une faisant l'autre. Demandez-leur s'il n'est pas vrai qu'elles sont depuis huit jours dans l'attente, et que tous les matins on déballe une à une mes chemises. Pour toute réponse à votre lettre de reproches, je voulais me mettre moi-même à la poste; les dieux en ont ordonné autrement. D'abord, comme vous dites, on a joué mon proverbe*. En second lieu, on va le jouer encore. Je souhaite seulement que le baptême lui soit aussi léger que sa naissance a été bien venue. J'avais, chez Pleyel, ce qu'on me fait l'immense honneur d'appeler mon public. Vous savez qui je veux dire : tout ce monde charmant qu'on dit envolé, était là tout comme l'an passé. Les petits becs roses sortaient des chapeaux et les menottes blanches des mitaines. Maintenant je vais avoir affaire, ces jours-ci, à Sa Ma-

---

* *On ne saurait penser à tout*, représenté pour la première fois dans les salons de M. Pleyel, le jeudi 3 mai 1849.

jesté le suffrage universel, et ensuite à la clique des feuilletons. A vous dire vrai, je m'en moque un peu, à cause de la matinée vraiment charmante pour moi que j'ai eue rue Rochechouart. Les prestolets auront beau faire, leurs plâtras n'écraseront pas une feuille du petit bouquet qui m'a passé sous le nez. — J'espère d'ailleurs quelque adoucissement.

Voilà, mon cher ami, pourquoi je suis resté. Je vais maintenant conduire ma mère à Angers. Si je peux m'échapper, j'irai vous dire bonjour, mais ne soyez pas, et jamais, en colère contre votre meilleur ami.

ALF. M.

Samedi, 26 mai (1849).

XXXI

A M. CHARPENTIER.

Janvier 1850.

Je suis vraiment désolé, mon cher ami, de voir que, pour grossir de quelques pages notre volume, nous imprimions des choses qui ne valent rien, et que je n'ai même pas voulu publier à vingt ans dans mon premier recueil. N'est-ce pas une faute bien réelle que nous faisons? N'est-ce pas nous faire tort bénévolement? N'y a-t-il donc pas moyen de composer un volume plus petit, et convenable? ne le vendrait-on pas, fût-ce un peu moins cher? Quant à moi, j'ai beau faire, je ne peux pas corriger ces *Derniers moments de François Ier*. Il y a dix-neuf ans que c'est au *rancart*. — Faites un effort, au nom du ciel; laissez-moi ne donner au public que ce dont je puis être content. Vous me soulagerez d'un vrai fardeau.

A vous.

ALF. DE MUSSET.

On pourrait penser d'après cette lettre que nous avions voulu exercer une sorte de pression sur Alfred de Musset pour réimprimer des vers qu'il avait condamnés; on se tromperait fort. Nous lui en avions seulement fait la proposition par suite des demandes qui nous en avaient été adressées, et loin d'insister nous applaudîmes à sa résolution.   CH.

XXXII

A M. VÉRON.

Mon cher Véron,

Je viens d'être malade, et je le suis encore, ce qui m'a empêché d'aller vous voir. J'ai lu *Carmosine*, et j'ai été parfaitement content de la manière dont la pièce a été coupée et imprimée. Ce soir seulement, j'y trouve une seule faute, et le malheur veut qu'elle soit dans les vers. C'est à cette strophe : « Depuis le jour où, etc. » Il y a :

> Fût-ce un instant, je n'ai pas eu le cœur
> De lui montrer ma craintive pensée,
> Dont je me sens à tel point oppressée,
> Mourant ainsi, que la mort me fait peur.

Il est bien clair que ces deux mots, *mourant ainsi*, sont une parenthèse, et que le sens doit se suivre ainsi : *à tel point oppressée que la mort*, etc.

Mourant ainsi est mis bien évidemment pour *en mourant ainsi*, — chose fort ordinaire et permise en vers. Or, au lieu de cela, je trouve imprimé :

> Dont je me sens à tel point oppressée.

Avec un point ; et puis :

> Mourant ainsi, que la mort me fait peur !

Avec un point d'exclamation.

Non seulement cela change les deux vers; mais, en arrêtant le sens après *à tel point oppressée,* cela fait une faute de français, car on ne dit pas *à tel point,* sans ajouter *que.*

Je ne saurais vous dire combien cela me désespère. Je ne voulais pas vous en parler, attendu que j'aurais l'air bien mal venu d'avoir le courage de me plaindre après le soin que vous avez bien voulu prendre. Si une faute se trouvait partout ailleurs, je ne dirais certes pas un mot; mais que cela tombe précisément sur ces vers, quand tout le reste est à merveille, voilà ce qui me fait une peine affreuse. Y a-t-il un moyen quelconque de revenir sur cette faute, soit par un *erratum,* soit en réimprimant les vers à part?

Soyez assez bon pour me répondre un mot, je vous en supplie. J'ai dans ce moment la tête d'un malade. J'espère, en tout cas, que vous ne m'en voudrez pas d'un vrai désespoir dont l'expression est involontaire. J'espère surtout que vous ne me croyez pas trop peu reconnaissant de la peine que vous avez prise.

Mille amitiés.

ALF. de MUSSET.

Lundi 4 novembre (1850).

M. Véron arriva chez Alfred de Musset avant que cette lettre eût été mise à la poste, en sorte qu'elle ne fut pas envoyée. L'autographe resta entre les mains de la gouvernante, mademoiselle Colin, qui demanda la permission de le garder. La copie qui nous en a été remise porte par erreur la date du lundi 1er novembre 1852.

XXXIII

A SON FRÈRE.

Mon cher ami,

La comtesse Kalergis m'écrit une lettre de compliments sur *Carmosine*. Elle a bien de la bonté. Il ne tenait qu'à elle de me dire que les vers étaient incompréhensibles. Puisque tu vas dîner chez elle aujourd'hui, fais-moi le plaisir de lui expliquer les deux vers estropiés. Cette faute m'a donné bien du souci. Je n'aurais jamais cru qu'un point à la place d'une virgule pût empêcher un homme raisonnable de dormir pendant trois nuits. Il est bien fâcheux pour moi que nous ne demeurions plus ensemble. Cela ne serait pas arrivé au quai Voltaire, quand je t'avais sous la main. Mon oncle se moque de mon chagrin et prétend que personne ne s'apercevra de la bévue. S'il disait vrai, je conviens que je serais bien bête de me désoler; mais je serais encore plus bête d'écrire.

Tout à toi.

ALF. M.

Vendredi (8 novembre 1850).

XXXIV

A SON FRÈRE.

Veux-tu, mon cher ami, m'envoyer la *Nouvelle Héloïse* de J.-J. ? — J'en ai besoin pour mon présent travail.

Mon oncle est à dîner ici. Je suis dans une perplexité atroce, ayant deux sujets tout prêts pour Rachel (tu sais que je lui fais une pièce, — n'en dis rien —), et ne sachant par lequel commencer. Le temps me presse horriblement. Tu me rendrais un grand service si tu pouvais m'en donner ton avis, et tu en serais excellent juge, car ce dont il s'agit n'est pas tant de savoir lequel des deux est le meilleur, mais le plus à propos pour ma GLOIRE et mon escarcelle. Si tu avais un moment, ce soir, pour venir, ce serait charmant ; — mais quand tu voudras. — Je serais allé te trouver, mais depuis dix jours je ne bouge.

A toi.

ALF. M.

Il hésitait entre le sujet de *Faustine* et celui du *Comte d'Essex*, dont il avait un plan dans ses papiers. — Cette lettre, qui ne porte point de date, est du mois de septembre 1851.

XXXV

A SON FRÈRE.

Mon cher ami,

Je suis fort perplexe et j'ai absolument besoin d'un conseil. — Rose Chéri va jouer ma petite pièce*, mais le directeur me *déconseille* Geoffroy de toutes les façons. — Il s'obstine à vouloir me donner Dupuis, dont il me dit des merveilles. Il assure que, dans la *Grand'-Mère,* Scribe a été ravi du susdit Dupuis, qui est devenu un acteur excellent. — Je l'ai connu tout autre. — On me dit de demander ton avis. J'irai te voir demain matin avant midi. Si tu ne pouvais pas être chez toi, donne-moi une heure.

Tout à toi.

ALF. M.

Mercredi soir (1er ou 8 octobre 1851).

* *Bettine.*

FIN DES ŒUVRES POSTHUMES.

TABLE

DU TOME DIXIÈME

Notice sur Alfred de Musset	1
Charles-Quint au monastère de Saint-Just	55
Vision	60
A la Pologne	63
Stances	64
A Alfred Tattet	68
A madame A. T.	69
Dans la prison de la Garde nationale	70
Sonnet (A madame***.)	71
Chanson	73
Chanson	75
Sur l'album de mademoiselle Taglioni	77
Aux Artistes du Gymnase-Dramatique, le soir de la première représentation de *Bettine*	78
Rondeau (A madame H. F.)	79
Le songe d'Auguste	81
Stances sur le costume pompadour de miss***	103
Jeanne d'Arc	106
Impromptu	108
A. Madame D*** (Impromptu)	109
Au bas d'un portrait de mademoiselle Augustine Brohan	110
Rêverie	111
Retour	112
Promenade	114
Derniers vers d'Alfred de Musset	115
Un souper chez mademoiselle Rachel	117
La servante du roi	135
A mademoiselle Rachel	146
Le Poète et le Prosateur	149
Faustine (Fragment)	153

L'ANE ET LE RUISSEAU...	187
A M. PAUL FOUCHER, à Paris...	267
A M. DES HERBIERS, au Mans...	274
A SON FRÈRE, à Aix en Savoie...	276
A M. ÉMILE DESCHAMPS...	279
A M. MAXIME JAUBERT...	280
A SA MARRAINE...	283
A SA MARRAINE...	285
A SA MARRAINE...	286
A SA MARRAINE...	288
A SA MARRAINE...	290
A SON FRÈRE, au château de Lorey, près Pacy-sur-Eure...	292
A SA MARRAINE...	294
A SA MARRAINE...	297
A M. ALFRED TATTET...	301
A MADAME LA DUCHESSE DE CASTRIES...	302
A MADAME LA DUCHESSE DE CASTRIES...	306
A MADAME LA DUCHESSE DE CASTRIES...	307
A SA MARRAINE...	308
A SA MARRAINE...	309
A SA MARRAINE...	311
A SON FRÈRE, en Italie...	314
A SON FRÈRE, en Italie...	315
A MADAME MÉNESSIER-NODIER...	317
A SON FRÈRE, en Italie...	319
A M. ALFRED TATTET...	323
A SON FRÈRE, à Angers...	325
A M. ALFRED TATTET...	327
A SON FRÈRE...	329
A M. ALFRED TATTET...	330
A M. ALFRED TATTET, à Fontainebleau...	331
A M. CHARPENTIER...	333
A M. VÉRON...	334
A SON FRÈRE...	336
A SON FRÈRE...	337
A SON FRÈRE...	338

FIN DE LA TABLE

Imprimeries réunies, B, rue Mignon, 2.

www.ingramcontent.com/pod-product-compliance
Lightning Source LLC
Chambersburg PA
CBHW060324170426
43202CB00014B/2661